"나의 형제들이여,
여러 종류의 시험들을 만날 때마다
그것을 모든 기쁨으로 여기라.
왜냐하면 너희의 믿음의 시련이
인내를 발전하게 할 줄 알기 때문이라."
야고보서 1장 2-3절, KNJ 私譯

Πᾶσαν χαρὰν ἡγήσασθε, ἀδελφοί μου,
ὅταν πειρασμοῖς περιπέσητε ποικίλοις,
γινώσκοντες ὅτι τὸ δοκίμιον ὑμῶν τῆς
πίστεως κατεργάζεται ὑπομονήν.
ΙΑΚΩΒΟΥ ΕΠΙΣΤΟΛΗ 1:2-3.

# 시험에 관하여
*De temptatione et probatione*

✧✦✧

하나님은 어떤 분이신가?
왜 시험이 찾아오는가?
무엇이 우리를 기다리는가?

김남준

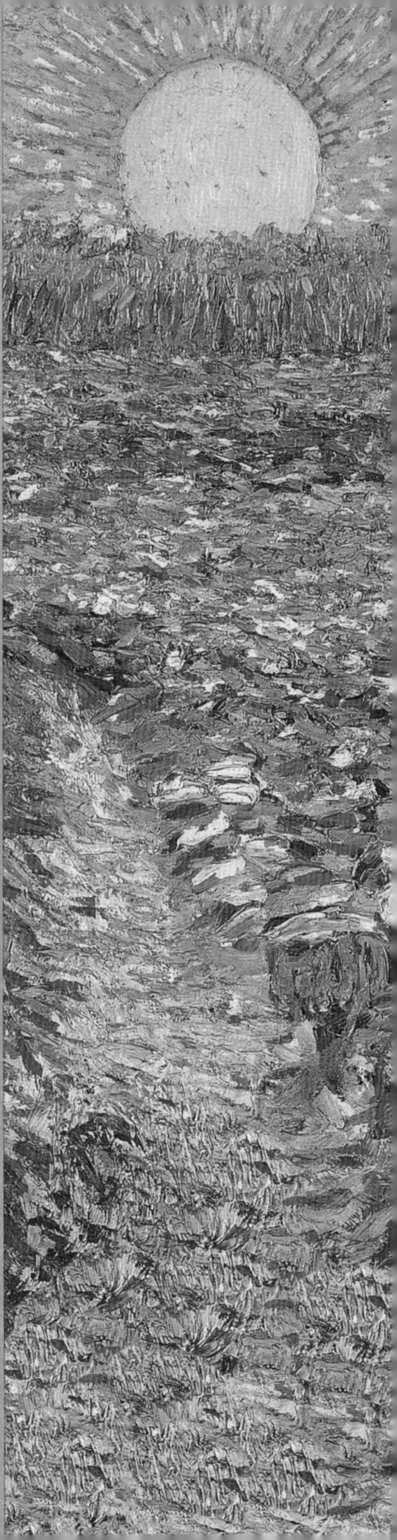

**김남준** 1993년 열린교회를 개척하여 담임하고 있으며, 총신대학교 신학과 교수로 가르치고 있다. 청소년 시절, 실존적 고민으로 혹독한 방황을 했다. 스물한 살 때 톨스토이를 읽고 기독교에 귀의했다. 아우구스티누스와 조나단 에드워즈, 칼뱅과 존 오웬을 오랜 세월 사숙했다. 인생길에서 방황하는 이들이 기독교에서 진리를 발견하고 사랑함으로 선하고 아름다운 삶을 살게 하는 것이 소원이다.

1997년 이래 기독교 출판문화상을 4회 수상했다(1997, 2003, 2005, 2015). 저서 중 약 40만 부가 판매된 『게으름』은 미국에서 Busy for Self, Lazy for God으로, 중국에서 『懶惰』로 번역 출간되었다. 그 외에도 『죄와 은혜의 지배』, 『신학공부, 나는 이렇게 해왔다』, 『염려에 관하여』, 『다시, 게으름』(이상 생명의말씀사), 『아무도 사랑하고 싶지 않던 밤』(김영사) 등 다수의 저서가 있다.

## 시험에 관하여

ⓒ 생명의말씀사 2021

2021년 11월 17일 1판 1쇄 발행

펴낸이 | 김창영
펴낸곳 | 생명의말씀사

등록 | 1962. 1. 10. No.300-1962-1
주소 | 서울시 종로구 경희궁1길 6 (03176)
전화 | 02)738-6555(본사)・02)3159-7979(영업)
팩스 | 02)739-3824(본사)・080-022-8585(영업)

지은이 | 김남준

기획편집 | 유영란
디자인 | 조현진, 윤보람
사진 | 김남준
인쇄 | 영진문원
제본 | 다인바인텍

ISBN 978-89-04-16773-9 (03230)

저작권자의 허락없이 이 책의 일부 또는 전체를
무단 복제, 전재, 발췌하면 저작권법에 의해 처벌을 받습니다.

# 시험에 관하여
## De temptatione et probatione

하나님은 어떤 분이신가?
왜 시험이 찾아오는가?
무엇이 우리를 기다리는가?

## 저자 서문

## 폭풍이 두렵지 않다

검푸른 바다에서 풍랑을 만났습니다. 작은 고기잡이배는 파선했고, 살아남은 선원들은 나무판자를 의지해 물에 떠 있습니다. 성난 파도는 눈 깜짝할 사이에 몇 사람을 하늘로 솟구치게 했습니다. 그들은 짙게 멍든 빛깔의 물결 속으로 사라져 버렸습니다.

"뚜우 뚜우우…….'
다행입니다. 지나던 화물선이 구조 신호를 포착했나 봅니다. 비상등까지 번쩍이며 달려옵니다. 폭우 속에 밧줄을 던집니다.

익사 직전의 한 선원이 사력을 다해 그 줄을 붙잡습니다. 자신의 오른쪽 팔뚝에 칭칭 감습니다. 판자 조각을 붙들던 왼손을 뻗어 두 손으로 밧줄을 단단히 붙듭니다. 이제 끌어올리기 시작합니다. 격렬한 파도에 몸이 공중으로 떠오릅니다.

그때 가늠할 수 없는 검푸른 바다의 깊이는 문제가 되지 않습니다. 구조될 것이기 때문입니다. 헤엄 못 치는 사람에게는 한 길 조금 넘는 물이나 수천 미터의 바다나 두렵기는 매한가지입니다.

믿음의 사람들은 모두 시험의 사람들이었습니다. 하나님의 사람 모세와 후계자 여호수아, 하나님 마음에 합한 사람 다윗과 의로운 선지자 세례 요한, 탁월한 전도자이자 신학자였던 사도 바울에 이르기까지 시험을 비껴간 사람은 아무도 없습니다.

천국에 온 모든 성도들의 무릎과 종아리에는 상처가 가득합니다. 꽃길을 걷다 온 게 아니라 가시밭길을 헤치고 살아왔기 때문입니다.

먼저 설교에서 시험의 본질과 신자의 마음 그리고 시험을 이기는 길에 대해 다루었습니다. 파리한 얼굴로 살아가는 지체들이 생각났습니다. 이것을 책으로 엮었습니다. 왜냐하면 이 말씀이 시험에 들었던 제 영혼을 살렸기 때문입니다. 탈고하기까지 두 달 동안 글을 써서 『시험에 관하여』라는 책이 되었습니다. 펜을 놓을 때 외치고 싶었습니다.

"시험은 운명이 아닙니다."

짧은 문장, 그림 같은 묘사, 박진감 있는 필체로 쓰려고 노력했습니다. 독자들에게 잘 읽히는 책을 만들고 싶었습니다. 형식적으로는 속도감 있게 읽히면서 내용적으로는 감동이 되기를 바랄 뿐입니다.[1]

이 책을 읽는 모든 독자들이 시험을 이기고 승리하여 그 간증을 다른 사람들에게 들려줄 수 있기를 기도합니다.

2021년 7월 16일
그리스도의 노예 김남준 드림

---

1) 아쉽게도 초고에 있던 더 깊은 신학적 내용들은 책의 가독성을 위해 생략되었다. 상세한 내용을 알기 원한다면 열린교회홈페이지(yullin.org)에서 "시험을 이기는 길 II"를 들어보기 바란다.

## 목차

**저자 서문** 폭풍이 두렵지 않다　　　　　　　　　　　　　04

# 제1부　우리를 찾아온 시험

### 제1장　시험의 때를 알라　　　　　　　　　　16

시험은 누구에게나 온다 | 시험이 보편적인 이유 | 시험을 만나면 기뻐하라 | 시험은 믿음을 드러낸다 | 믿음으로 대처하라 | 믿음의 입증이 인내를 만든다 | 맺는말 | 한눈에 보는 1장

### 제2장　인내의 꽃을 피우라　　　　　　　　　36

인내란 무엇인가? | 인내를 온전히 이루어야 하는 이유 | 온전한 인격을 위해 | 완전한 생활을 위해 | 시험을 통해 온전해진다 | 맺는말 | 한눈에 보는 2장

### 제3장  지혜를 구하라　　　　　　　　　56

무엇보다 지혜가 필요하다 | 실제적으로 필요한 지혜 | 지혜는 말씀을 통해서 온다 | 사랑하면 깨닫는다 | 간절히 구하는 자에게 주신다 | 맺는말 | 한눈에 보는 3장

### 제4장  믿음으로 구하라　　　　　　　　74

기도와 믿음의 관계 | 의심하지 말라 | 견고한 삶을 살라 | 은혜를 지키며 살라 | 맺는말 | 한눈에 보는 4장

### 제5장  두 마음을 품지 말라　　　　　　　86

두 마음이란 무엇인가? | 두 마음, 불결한 마음 | 청결함을 추구하라 | 두 마음, 정함이 없음 | 마음을 확정하라 | 맺는말 | 한눈에 보는 5장

### 제6장  나뉜 마음의 원인을 알라　　　　　102

두 마음을 품는 원인 | 낮은 자는 높이신다 | 받은 은혜를 세어 보라 | 부유한 자들에게 | 재물의 유한함을 생각하라 | 맺는말 | 한눈에 보는 6장

## 제2부 시험을 이기는 믿음

### 제7장 시험을 참는 자의 행복　　　　　　　　124

시험을 만날 때, 참으라 | 인정받을 때까지 참으라 | 인생의 가치, 존재의 변화 | 생명의 면류관을 주신다 | 시험을 이기는 원동력, 사랑 | 맺는말 | 한눈에 보는 7장

### 제8장 시험하지 않으시는 하나님　　　　　　146

하나님은 사람을 시험하시는가? | 시험의 위험성 | 하나님을 원망하지 말라 | 위로하시는 하나님 | 맺는말 | 한눈에 보는 8장

### 제9장 시험과 욕심　　　　　　　　　　　　　162

욕심과 죄 | 욕심에 이끌리는 이유 | 욕심에 이끌려 미혹되다 | 경건생활을 회복하라 | 맺는말 | 한눈에 보는 9장

### 제10장 유혹과 죄의 계획 178

은혜와 죄의 유사성 | 잉태하다의 의미 | 출산된 죄 | 사망, 죄의 결과 | 맺는말 | 한눈에 보는 10장

### 제11장 불변하는 하나님의 선(善) 194

속지 말라 | 좋은 것은 하나님께로부터 온다 | 변하지 않는 하나님의 선 | 선하신 하나님을 의지하라 | 맺는말 | 한눈에 보는 11장

### 제12장 우리를 낳으신 하나님 210

시험 속에서 붙들어야 할 것 | 복음 진리로 낳으셨다 | 첫 열매가 되게 하셨다 | 능력 있는 말씀 | 맺는말 | 한눈에 보는 12장

**참고 문헌** 226
**색인** 232

## 제1부

# 우리를 찾아온 시험

제1장 시험의 때를 알라
제2장 인내의 꽃을 피우라
제3장 지혜를 구하라
제4장 믿음으로 구하라
제5장 두 마음을 품지 말라
제6장 나쁜 마음의 원인을 알라

인간의 아름다움은 영혼의 아름다움입니다.
구원받을 때 우리는 채굴된 원석입니다.
우리 마음은 시험을 통해 연단됩니다.
고난의 풀무 속에서 영혼은 아름다워져 갑니다.

제1장

# 시험의 때를 알라

---

나의 형제들이여, 여러 종류의 시험들을
만날 때마다 그것을 모든 기쁨으로 여기라.
왜냐하면 너희의 믿음의 시련이
인내를 발전하게 할 줄 알기 때문이라.

Πᾶσαν χαρὰν ἡγήσασθε,
ἀδελφοί μου, ὅταν πειρασμοῖς
περιπέσητε ποικίλοις,
γινώσκοντες ὅτι τὸ δοκίμιον ὑμῶν
τῆς πίστεως κατεργάζεται ὑπομονήν.

야고보서 1장 2–3절, KNJ 私譯

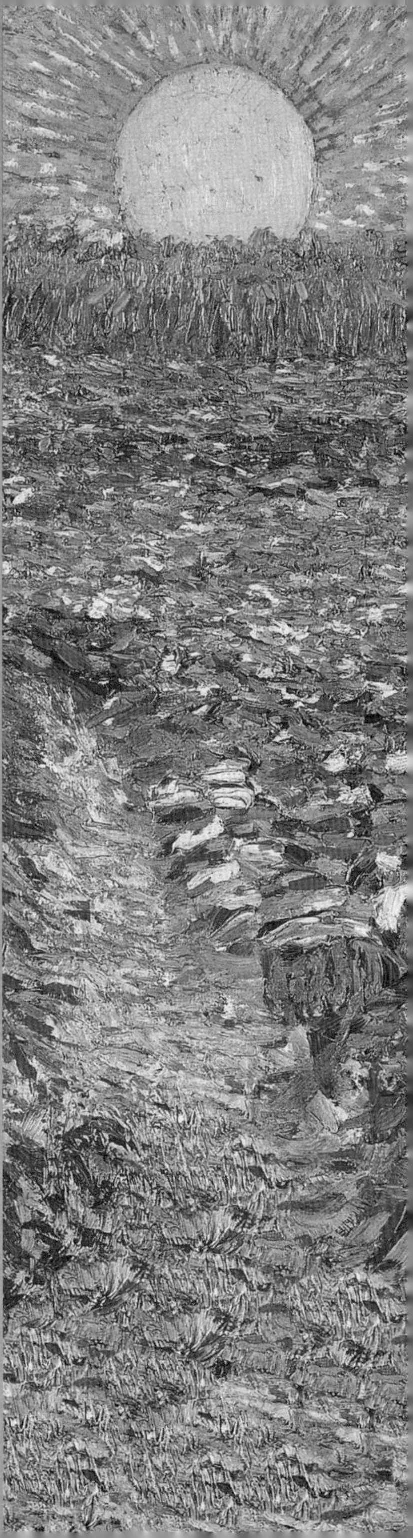

"내가 어디에 있는 것일까?"

어둔 밤 숲속에서 길을 잃은 나그네는 두려움에 휩싸였습니다. 예상치 못한 폭우가 쏟아졌고, 인적은 찾을 수 없었습니다. 작은 불빛조차 없는 산중에서 그는, 여행가로서의 자신감을 잃어버렸습니다. 이 여행을 홀로 떠난 것을 후회했습니다.

"후두둑, 뚝뚝······."

무섭게 쏟아지던 비가 잠시 멈췄습니다. 저 멀리 산 아래, 오두막집 하나. 희미한 불빛이 비쳤습니다. 어디서 그런 힘이 솟았을까요? 나그네는 그곳을 향해 달리기 시작했습니다. 그 불빛은 희망이었습니다. 어둠 속에서 살길을 찾은 것입니다. 시험도 말씀의 빛을 발견해야 비로소 끝이 보입니다.

야고보서는 편지글입니다. 예수님의 육신의 형제 야고보가 쓴 것으로 알려졌습니다. 그런데 다른 성경들에 비해 그 중요성을 인정받지 못했습니다. 믿음보다는 행위를 강조한다고 오해받았기 때문입니다.

이 편지의 수신자는 유대인으로서 그리스도인이 된 이들입니다(약 1:1). 그들은 여러 어려움 가운데 있었습니다. 특히 가난한 형제들이 그랬습니다. 교회 밖에서는 신자(信者)로서 박해받았고, 교회 안에서는 빈자(貧者)로서 차별받았습니다.

현상적으로는, 세속주의가 교회 안에 밀려들어 왔기 때문이었습니다. 그러나 본질적으로는, 믿음으로 구원받는다는 교리에 대한 오해 때문이었습니다. 행함이 없는 믿음이 신자들 사이에서 정당화되고 있었습니다(약 2:14).

이러한 상황에서 야고보는 참된 믿음이 무엇인지를 가르치기 위해 편지를 씁니다.

## 시험은 누구에게나 온다

누구나 자신의 삶이 순탄하기를 바랍니다. 신자도 마찬가지입니다. 하나님이 도와주셔서 평탄하게 살기를 바랍니다. 그러나 그들도 인생길에서 고난을 만납니다.

인생은 고통의 파도가 가득한 바다입니다. 항해하는 배가 파도를 피할 수 없듯이, 우리는 시련을 만나지 않을 수 없습니다.

> 내 형제들아 너희가 여러 가지 시험을 당하거든……(약 1:2).

여기서 "시험"으로 번역된 헬라어 페이라스모스(πειρασμός)는 '시도', '증명', '실험', '유혹', '훈련' 등을 의미합니다.[2]

어떤 사람들은 시험을 두 종류로 나눕니다. 그들에 따르면, 하나님의 시험과(창 22:1) 사탄의 시험(마 4:1)이 있다는 것입니다. 전자는 복 주시기 위한 하나님의 창조적 시험이고, 후자는 죄에 빠뜨리려는 마귀의 파괴적 시험이라고 합니다.

그러나 엄밀히 말하자면, 모든 시험들이 처음부터 제각기 다른 기원과 목적을 가지고 찾아오는 것은 아닙니다. 오히려 우리가 어떻게 반응하느냐에 따라 창조적인 결과를 낳기도 하고, 파괴적인 결과를 불러오기도 하는 것입니다.

---

[2] Heinrich Seesemann, "Πειρασμός," in *Theological Dictionary of the New Testament*, vol. 6, eds. Gerhard Kittel, Geoffrey W. Bromiley, Gerhard Friedrich (Grand Rapids: Eerdmans, 1975), 23-24.

흔히 하나님을 믿으면 만사가 잘될 것이라고 생각합니다. 그러나 신자의 삶도 불신자의 삶과 별반 다르지 않습니다. 끊임없는 시험과 시련의 연속입니다. 그것이 현실입니다.

신자가 당하는 시험은 "여러 가지"입니다(약 1:2). 한두 가지로 끝나지 않습니다. 하나가 지나가면 또 다른 시험이 뒤따라옵니다. 일생 동안 많은 시험을 만납니다. 그러니 인생에서 시험이 없기를 바라는 것은 현실적이지 않습니다. 세상은 불완전하며 인간 또한 선하지 않기 때문입니다.

자, 그러면 어디서부터 시작해야 할까요? 첫걸음은 이것입니다. 각자의 현실(現實)을 받아들이는 것입니다. 우리가 마주한 것은 가상 세계가 아닙니다. 있는 그대로의 현실이니, 받아들여야 합니다. 그리고 나서 현실을 변화시켜 나갈 소망을 가져야 합니다.

"아아, 제게 왜 이런 시련을 주시나요?"

그녀는 주님께 하소연했습니다. 자녀가 정서발달에 장애를 겪고 있었습니다. 오래 기도했으나 상황은 변하지 않았습니다. 그러다 말씀을 깨닫게 되었습니다. 그것은 기적적인 치유에 대한 약속이나 기발한 현실 타개책이 아니었습니다. 지극히 평범한 깨달음이었습니다. 그것은 신앙의 법정에서 울려퍼진 선고였습니다. "주어진 현실을 받아들여라!"

그녀는 하나님의 마음을 깨달았습니다. 그러자 현실을 감당할 힘이 생겼습니다. 거기서 하나님을 찾기 시작했기 때문입니다. 결국 그녀는 오랜 시험을 이겼습니다. 그리고 고백했습니다. "이 아이는 하나님이 우리 가정에 주신 선물입니다." 실화입니다.

"내 아이가 이렇게 태어나지 않았더라면……."

만약 현실에 대해 가정법만 되뇌고 있었다면, 시험을 이기지 못했을 것입니다. 그런 태도는 내 것도 아니고 네 것도 아닌 인생을 살게 합니다. 고달픈 인생에 무게를 더할 뿐입니다.

신앙적인 해석은 이것입니다. 현실은 하나님의 뜻이 펼쳐지는 무대입니다. 선악 간에 무한한 가능성을 가지고 있습니다. 신자는 현실을 회피하지 말아야 합니다. 오히려 믿음을 가져야 합니다. 하나님과 함께 현실을 대면하겠노라고 마음을 확정해야 합니다(시 57:7).[3]

## 시험이 보편적인 이유

우리는 왜 시험으로 가득 찬 인생을 살아갈까요? 하나님의 자녀인데도 시험과 시련을 겪어야 하는 이유는 무엇일까요?

첫째로, 세상이 불완전하기 때문입니다. 아담이 죄를 지음으로써 세상은 본래의 평안하고 복된 상태를 상실했습니다(롬 8:22). 하나님의 선고가 있었습니다. "너는 흙이니 흙으로 돌아갈 것이니라"(창 3:19). 그 후 늙음과 병듦, 죽음이 들어왔습니다(창 3:19). 땅은 저주를 받아 가시덤불과 엉겅퀴를 내게 되었고, 인간은 일평생 수고해야 겨우 양식을 얻을 수 있게 되었습니다(창 3:17-18).[4]

---

[3] 확정된 마음은 현실을 받아들이고 찬송할 수 있게 한다. "하나님이여 내 마음이 확정되었고 내 마음이 확정되었사오니 내가 노래하고 내가 찬송하리이다"(시 57:7).

[4] 노동은 죄의 결과가 아니다. 오히려 세상을 선하고 아름답게 하시려는 하나님의 계획에 참여하는 특권이다. 다만 죄가 들어옴으로써 노동에 고통이 따르게 되었다. "이건 노동의 신성한 가치를 말하는 거다.……더 큰 뜻이 있단다. 그게 사람 지으신 이유란다. 그를 선한 일에 참여시키기 위함이란다.

그렇게 자연 세계에 악(惡)이 들어왔습니다. 자연악입니다. 인간의 통치 아래 있어야 할 자연은 재앙으로 인간을 위협하게 되었습니다. 그뿐 아닙니다. 인간은 탐욕으로 자연을 파괴했습니다. 자연과의 화목한 상태가 깨어졌습니다.[5]

둘째로, 인간관계가 파괴되었기 때문입니다. 하나님은 최초의 두 인간을 한 몸으로 창조하셨습니다(창 2:22). 죄가 들어오지 않았다면 모든 인류는 서로를 "내 뼈 중의 뼈요, 살 중의 살"로 여기며 사랑했을 것입니다(창 2:23). 모든 사람이 이웃을 자기 몸처럼 사랑하며 살았을 것입니다(약 2:8).[6] 그러나 범죄한 후 아담과 하와의 관계는 파괴되었습니다(창 3:12). 하나님 사랑에서 떠났기에 서로를 참되게 사랑할 수 없게 되었습니다.[7]

셋째로, 사탄의 세력 때문입니다. 아담의 범죄 이후 세상은 그의 지배 아래 놓이게 되었습니다. 사탄은 지금도 불순종하는 자들 가운데 역사하고 있습니다(엡 2:2). 우는 사자와 같이 삼킬 자를 찾고 있습니다(벧전 5:8). 사탄은 즐거움으로 유혹하기도 하고 두려움으로 협박하기도 합니다. 그로 인해 인간은 고생하며 기진하게 되었습니다(마 9:36).

---

노동으로 세상을 선하고 아름답게 만들기 위함이란다." 김남준, 『다시, 게으름』 (서울: 생명의말씀사, 2021), 111.

5) 근원적으로는, 죄를 지음으로 하나님과의 화목이 깨졌기 때문이다. 그로 인해 피조물이 고통을 받게 되었다. 김남준, 『구원과 하나님의 계획』 (서울: 부흥과개혁사, 2015), 62-66를 참고할 것.

6) "인류 최초의 부부가 사랑을 기초로 결합했음을 보여주는 것입니다. 이 사랑의 고백은 부부 관계를 넘어 하나님께서 만드시려고 하신 사회가 어떤 것이었는지를 보여줍니다. 그것은 사랑의 사회였습니다." 김남준, 『교회와 하나님의 사랑』 (서울: 익투스, 2019), 116.

7) 투쟁으로 얼룩진 인류 역사가 이러한 사실을 증거한다. 사람들은 자기 이익을 위해 다른 사람을 억압한다. 강한 자는 약한 자를 짓밟는다. 사랑이라는 하늘 자원이 사라지자, 욕망을 따라 지상 자원을 서로 차지하기 위해 다투었다. 그것으로 행복에 이를 것이라고 생각한 것이다. 그러나 참된 행복은 하늘 자원 곧, 하나님의 생명과 사랑을 소유하는 데에 달렸기에 지상 자원을 차지하려는 다툼으로는 행복에 이를 수 없다.

넷째로, 신자가 불완전하기 때문입니다. 구원은 완전합니다. 그러나 신자는 불완전합니다. 하나님을 사랑하지만, 죄를 사랑하는 마음이 남아 있습니다. 그러기에 신자는 날마다 죄에 대해 죽어야 합니다(고전 15:31).

하나님은 우리의 믿음이 점점 자라기를 바라십니다. 신앙이 성숙해지길 원하십니다. 신앙은 고난을 통해 성숙해집니다. 믿음으로 고난을 감당할 때 거룩한 성품을 갖게 됩니다. 하나님의 형상을 닮아가게 됩니다. 그럼으로써 우리는 행복해지고 하나님께서도 영광을 받으십니다.

> 하나님이 미리 아신 자들을 또한 그 아들의 형상을 본받게 하기 위하여 미리 정하셨으니 이는 그로 많은 형제 중에서 맏아들이 되게 하려 하심이니라(롬 8:29).

세상에는 나쁜 것들이 많이 있습니다. 모두 인간의 죄(罪) 때문입니다. 그러나 하나님을 사랑하는 자들에게는 그것들마저 사용하셔서 좋게 하십니다(롬 8:28). 시험도 그렇습니다.

### 시험을 만나면 기뻐하라

시험은 두 가지 어려움을 동반합니다. 첫째로, 환경적인 어려움입니다(시 23:4). 편안하던 질서가 흐트러지고, 풍족하던 삶이 궁핍해지는 것입니다. 둘째로, 영적인 어려움입니다(시 130:1). 외로움이나 슬픔 같은 감정들에 빠집니다. 허무와 비참, 낙담과 절망이 밀려옵니다. 이때 몸과 마음의 많은 에너지를 빼앗깁니다.

시련의 때가 길어질수록 점점 더 지치고 맙니다. 계속되는 어려움으로 기도는 열렬함을 잃어버리고, 마음에는 의심이 싹틉니다. 이처럼 시험은 환경적인 깊음과 영적인 침체를 동반합니다(시 130:1). 시험의 때는 고통의 시기입니다. 그런데 야고보는 기뻐하라고 말합니다.

> 내 형제들아 너희가 여러 가지 시험을 당하거든 온전히 기쁘게 여기라 (약 1:2).

"온전히 기쁘게 여기라"를 헬라어 성경에서 직역하면 이렇습니다. "그 것을 모든 기쁨(πᾶσαν χαρὰν)으로 여기라."

시험을 만났는데 어찌 기뻐할 수 있을까요? 몸과 마음이 고통받는데 어떻게 모든 기쁨으로 여길 수 있을까요? 그것은 믿음으로 시험을 이길 때 얻게 될 결과를 바라봄으로써 가능해집니다.

> 이는 너희 믿음의 시련이 인내를 만들어 내는 줄 너희가 앎이라(약 1:3).

믿음의 시련(試鍊)이 인내를 만들어 냅니다. 그 사실을 알기에 우리는 기뻐할 수 있습니다(롬 5:3-4).[8] 여기서 "인내를 만들어 낸다"는 말은 없던 인내를 새로 생기게 한다는 뜻이 아닙니다. 오히려 작았던 인내를 '커지게 하다', '성장시키다'라는 뜻입니다. 그래서 영어성경(NIV)은 이 부분을 "인

---

[8] 이러한 사실은 로마서에서도 강조된다. "다만 이뿐 아니라 우리가 환난 중에도 즐거워하나니 이는 환난은 인내를, 인내는 연단을, 연단은 소망을 이루는 줄 앎이로다"(롬 5:3-4).

내를 발전시키다"(develops perseverance)라고 번역했습니다.[9]

시험의 때는 인내가 성장할 최적기입니다. 인내의 성장은 사랑의 성장입니다. 인내는 사랑의 열매이기 때문입니다(고전 13:4).

신앙은 마라톤과 같습니다. 마지막 승자는 결승선에 도착할 때까지 잘 참은 사람입니다. 한때 열렬한 믿음을 가졌던 사람도 교회생활에 소홀해지기도 합니다. 성경 공부를 열심히 하던 사람도 신앙에서 떠납니다. 기적을 경험한 사람도 은혜로부터 멀어집니다. 참지 못하기 때문입니다.

불순종은 참지 못하는 데서 일어납니다. 하나님이 있으라 하신 자리를 떠나는 것은 힘든 것을 참지 못해서입니다. 하나님보다 세상을 사랑하기 때문입니다(딤후 4:10). 그러나 충성스러운 신자들은 모두 잘 참고 견딘 사람들입니다.

은혜는 사랑하게 하고, 사랑은 인내하게 합니다. 사랑의 인내는 모든 덕이 자라는 기초입니다. 시험을 참으면 금보다 귀한 인내를 얻기에 우리는 기뻐할 수 있습니다(롬 5:3-4).

## 시험은 믿음을 드러낸다

참는 것을 좋아하는 사람은 없습니다. 인간 본성에 어긋나기 때문입니다. 인내하려면 그렇게 하게 하는 동인(動因)이 필요한데, 그것은 "믿음"입니다. 그래서 "믿음의 시련"이라고 합니다. 믿음이 시련을 참게 하니, 곧 사랑으로 역사하는 믿음입니다(갈 5:6).

---

[9] "because you know that the testing of your faith develops perseverance"(*NIV*, 약 1:3).

이는 너희 믿음의 시련이 인내를 만들어 내는 줄 너희가 앎이라(약 1:3).

본문에서 "시련"이라고 번역된 이 단어는 '(어떤 사물이 진짜인지를 실험하여) 입증하다'라는 의미입니다.[10] "믿음의 시련"(the trying of your faith)은 시련을 통해 믿음이 있음을 입증하는 것입니다. 또는 믿음으로 시련을 감당하는 것입니다. 그런 과정들을 통해 인내는 성장하게 됩니다.

"쓱쓱 쓰윽……."

어떤 사람이 돌멩이에 금속을 문지르고 있습니다. 돌에 쓸린 금속의 가루가 돌 사이에 남습니다. 이 돌을 시금석(試金石)이라고 부릅니다. 시금석은 귀금속의 순도를 판정하는 돌인데, 검은색의 현무암이나 규질의 암석을 사용합니다. 여기에 귀금속을 문질러서, 묻어 나오는 가루의 색을 표본과 비교하여 그 순수성을 측정합니다. 믿음도 시험이라는 시금석에 문질러보면 순도를 측정할 수 있습니다.

끝까지 감춰진 것이 자신의 마음입니다. "자기의 마음을 믿는 자는 미련한 자요……"(잠 28:26). 시험의 때에는 드러나지 않던 것들이 의식의 표면으로 떠오릅니다. 시험은 우리 마음속 깊은 곳에 무엇이 있었는지 새삼 알게 합니다.

하나님을 사랑한다면 계명도 사랑할 것입니다. 말씀 배우기를 즐거워

---

10) 여기서 시련으로 번역된 헬라어 도키미온(δοκίμιον)은 '시험'을 뜻하는 페이라스모스와는 다른 단어이다. 어떤 물질에 힘이나 열을 가하여 그 정체를 밝혀내는 '수단' 혹은 '과정' 자체를 뜻하기도 하고, 그런 실험의 결과로써 아무것도 섞이지 않은 '진짜임'(genuineness)을 나타내는 말이기도 하다(벧전 1:7). William Arndt et al., *A Greek-English Lexicon of the New Testament and Other Early Christian Literature* (Chicago: University of Chicago Press, 2000), 256.

할 것입니다. 하나님 뜻대로 살고 싶기 때문입니다. 이것이 믿음이 있다는 표지입니다. 그런 사람은 진리를 사모합니다(시 119:123).

기도 생활도 마찬가지입니다. 신앙은 기도하는 자신을 능가하지 못합니다. 얼마나 큰 시련을 만났든 신앙이 순전한 사람은 기도할 것이며, 하나님은 그 사람의 기도를 들으실 것입니다.

## 믿음으로 대처하라

시험은 믿음의 분량에 알맞게 옵니다. 이것은 누구든지 시험을 쉽게 감당할 수 있다는 뜻은 아닙니다. 온전한 믿음을 최대로 발휘해야만 이길 수 있습니다. 그렇지 않아도 된다면 시험이 아닐 것입니다.

믿음은 하나님께 대한 온전한 신뢰와 의존입니다.[11] 이것을 입증하는 시련을 통해 인내는 성장합니다.

인생의 큰 그림 아래서 시험을 보십시오. 경제적인 시험을 만날 때 돈 문제로만 여기지 마십시오. 건강상에 위기가 올 때 질병의 문제로만 생각하지 마십시오.

하나님과의 관계에서 보십시오. 자신의 믿음을 생각하십시오. 시험 속에서 자신이 어떻게 반응하고 있는지 숙고하십시오. 거기서 나쁜 것을 좋은 것으로 바꾸실 하나님의 계획을 바라보십시오(창 50:20).

신앙(信仰)은 단지 새로운 의무를 찾는 것이 아닙니다. 세상 바라보던 마음을 돌이켜 하나님 바라보는 것입니다. 무슨 일을 만나든 잠잠히 하나님

---

[11] 이 중요한 주제에 대해서는 다음을 참고할 것. 김남준, 『구원과 하나님의 계획』 (서울: 생명의말씀사, 2015), 198-215.

을 우러러보는 것입니다(민 21:8-9). 하나님 안에서만 희망을 찾으려고 하는 것입니다.

하나님을 바랄 때 믿음은 성장합니다. 다른 곳에 희망을 두지 마십시오. 세상을 바라본다면 낙심할 것이고, 자신을 쳐다본다면 좌절할 것입니다. 시험의 때에는 흩어진 마음을 하나님께로 모아야 합니다.

> 나의 영혼이 잠잠히 하나님만 바라라 무릇 나의 소망이 그로부터 나오는 도다(시 62:5).

시련을 겪을 때 하나님을 바라십시오. 요동치는 감정의 탁류에 떠내려가지 마십시오. 고요히 가슴에 두 손을 얹으십시오. 고백하십시오.
"하나님, 제가 당신의 자녀입니다."

깊이 생각하십시오. 예수 그리스도께 마음을 모으십시오(히 2:1). 포기하고 싶은 마음을 신앙으로 타이르십시오. 자신의 영혼과 대화하십시오. 낙심하거나 불안해하지 말라고 말해 주십시오. 하나님이 도우실 거라고 격려하십시오(시 42:5).

시선을 사로잡는 온갖 물상(物像)들로부터 마음을 풀어주십시오. 자신이 우주 속 티끌 같은 존재일 뿐임을 기억하십시오. 천지만물을 붙들고 계신 하나님을 묵상하십시오. 자신이 상한 갈대, 꺼져가는 등불 같음을 아십시오(사 42:3). 하나님의 은혜 없이는 살 수 없는 존재라고 고백하십시오. 기도하고 싶어질 것입니다. 시험을 이길 힘이 거기서 나옵니다.

## 믿음의 입증이 인내를 만든다

시험은 고통스럽습니다. 그러나 그냥 흘려보내지 마십시오. 최선을 다해 믿음을 입증하십시오. 연약하지만 그래도 하나님을 의지하고 있음을 보이십시오.

"이 시험은 너무 커. 나는 감당할 수 없어."
왜 이런 일이 일어났느냐며 불평만 하십니까? 그렇다면 시험에서 벗어나지 못할 것입니다. 오히려 시험은 악(惡)에 빠지는 예고편이 될 것입니다. 시험 중에 마음을 빼앗기면 섬김의 자리에서도 물러나게 됩니다. 물러나면서 생각합니다. "내 인생도 제대로 살지 못하는 주제에 섬긴다는 게 무슨 의미가 있는가?"

사탄은 거기서 멈추지 않습니다. 한 걸음 더 나아가게 합니다. 말씀에 귀를 기울이던 마음에 속삭입니다. "이렇게 한가하게 말씀이나 듣고 있을 때가 아니다." 이윽고 마음이 말씀에서 떠나 미끄러집니다. 이것이 바로 시험 속에서 사탄이 노리는 것입니다.

시험에 든 사람들은 종종 자신이 버림받았다고 생각합니다. 하나님을 원망합니다. 그 상황에 빠지게 한 사람들을 미워합니다. 마음은 더욱 굳어집니다. 시험의 물결에 떠밀려 악의 바다로 나아갑니다.

"하나님은 나를 버리지 않으신다."
이렇게 고백하며 믿음으로 기도(祈禱)하는 사람들이 있습니다. 시험의 때에 주님을 향해 마음의 문을 연 사람들입니다. 믿음을 입증할 길에 들어선 것이니, 인내를 온전히 이룰 기회를 잡은 것입니다.

괴로운 날에 하나님을 바라보십시오. 믿음으로 이기십시오. 인내가 자라게 하십시오. 아버지께서 자녀에게 나쁜 것을 주실 리 없습니다(마 7:11). 감당할 만한 시험만을 주십니다(고전 10:13).[12]

모든 시험에는 하나님의 뜻이 있습니다. 하나님은 믿음으로 견디는 자들을 도우셔서 능히 이기게 하십니다. 일찍이 시험을 당하셨던 그리스도께서 우리와 함께하십니다. 우리를 홀로 두지 않으시고 우리를 피붙이처럼 여기십니다. 우리는 그분의 사랑스러운 자녀이기 때문입니다. 하나님이 함께하시기에 시험을 이길 수 있습니다.

> 내게 능력 주시는 자 안에서 내가 모든 것을 할 수 있느니라(빌 4:13).

## 맺는말

누구나 시험을 만납니다. 위험한 골짜기를 지나고, 때로 가시밭길을 가로질러야 합니다. 온종일 걸어도 물 한 모금 없는 메마른 땅을 지나야 할 때도 있습니다(출 15:23).

세상을 살아가는 동안에는 그런 일이 늘 있을 것입니다. 그러나 두렵지 않습니다. 거기서도 주님이 함께하시리라고 믿기 때문입니다.

시험은 하나님의 사랑을 새롭게 알게 되는 곳입니다(시 23:4). 평안할 때

---

[12] "사람이 감당할 시험 밖에는 너희가 당한 것이 없나니 오직 하나님은 미쁘사 너희가 감당하지 못할 시험 당함을 허락하지 아니하시고 시험 당할 즈음에 또한 피할 길을 내사 너희로 능히 감당하게 하시느니라"(고전 10:13).

는 잊고 살았던 하나님의 품으로 파고들게 되기 때문입니다(시 31:19).

　승리한 성도는 모두 시험의 골짜기를 헤치고 나와 살아남은 용사들입니다. 시험의 때에 믿음으로 인내의 열매를 맺은 사람들입니다.

　사망의 골짜기에서 주님이 동행하십니다. 주님의 지팡이와 막대기가 외로움을 이기게 합니다.

　인생은 폭풍과 같은 시련의 바다입니다. 거기서 만나는 주님의 사랑이 하늘 소망을 갖게 합니다. 많은 사람이 한(恨)을 품게 될 거기에서 우리는 하나님을 찬양합니다. 시험을 이기는 믿음이 있기 때문입니다.

## 한눈에 보는 1장

### I. 시험의 보편성

시험으로 번역된 **페이라스모스**는 시도, 증명, 실험, 유혹, 훈련 등을 뜻한다.
"여러 가지" 시험은 누구나 만나는 것이다. 신자도 예외가 아니다.
이 시험이 지나가면 또 다른 시험이 올 것이다.
우리가 할 일은 시험이 오지 않기를 바라는 것이 아니다.
어떤 환경을 만나더라도 하나님과 동행하며 살겠다는 결심이 필요하다.

### II. 시험이 보편적인 이유

첫째로, 세상이 불완전하기 때문이다. 죄 때문에 세상은 복된 상태를 상실했다.
둘째로, 하나님과의 관계가 파괴됨으로 인하여 인간관계가 파괴되었기 때문이다.
셋째로, 사탄의 세력 때문이다. 사탄은 인간을 죄의 종으로 얽어매기 위해 노력한다.
넷째로, 신자가 불완전하기 때문이다. 시험은 신앙적 성숙을 이루는 도구가 된다.

### III. 시험을 만나면 기뻐하라

시험은 믿음을 입증할 것을 요구한다. 이를 통해 인내가 자란다.
시험의 때에 얻을 인내가 금보다 귀하기에 기뻐할 수 있다.

### IV. 믿음을 지키라

시험을 만날 때 믿음을 지키라. 하나님을 의지하라.
이를 위해 은혜를 받아야 한다. 은혜를 구해야 한다.
하나님께 피하라. 그때 시험은 믿음의 연단이 될 것이다.

제2장

# 인내의 꽃을 피우라

✦✦

그 인내로 하여금
자기의 완전한 일을 이루게 하라.
이는 너희로 하여금 완전하고 온전하여
아무것도 부족하지 않게 하려 함이라.

ἡ δὲ ὑπομονὴ ἔργον τέλειον ἐχέτω,
ἵνα ἦτε τέλειοι καὶ ὁλόκληροι
ἐν μηδενὶ λειπόμενοι.

**야고보서 1장 4절, KNJ 私譯**

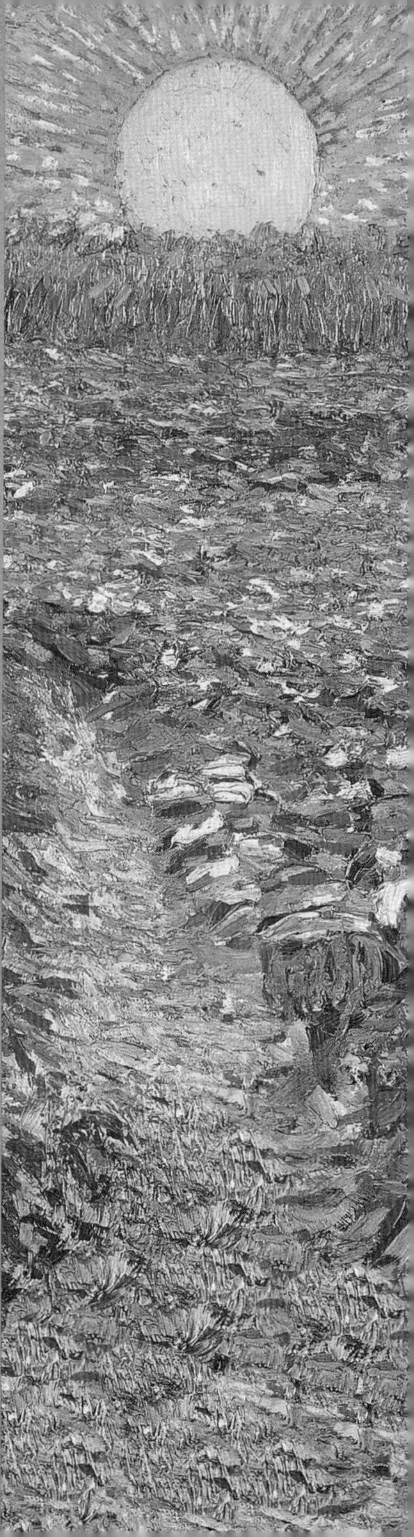

"휘익 휘이익…….”

들판에 바람이 붑니다. 야트막한 관목이 괴로운 듯 흔들립니다. 하얀 가루가 묻은 수많은 검정 알갱이들. 거친 바람에 물결처럼 출렁입니다. 야생 블루베리입니다.

북아메리카 추운 지역에서 자생하던 이 식물은 약 1만 년 동안 원주민의 음식으로 사랑받았습니다. 항암에도 좋은데 최고의 항산화 효과를 지니고 있습니다. 이 사실이 알려지자 여기저기 농장에서 대규모로 재배하기 시작했습니다.

야생 블루베리와 재배한 블루베리는 효능에서 큰 차이가 납니다. 야생 블루베리는 자연의 악조건 속에서 살아남기 위해 몸부림치다가 뛰어난 약효를 지니게 되었지만, 사람이 재배한 블루베리에는 그만한 약효가 없기 때문입니다.

신자의 인격(人格)도 그렇습니다. 시험 속에서 연단을 받으며 그리스도의 향기를 갖게 됩니다(고후 2:15). 성령의 열매를 맺게 됩니다. 성령의 열매는 신자의 인격적인 특징입니다. 아홉 가지가 모두 중요한데, 그것들은 은혜 받는 마음에서 유지됩니다(갈 5:22-23).

그런데 특정한 상황에서는 더 많이 요구되는 덕목이 있습니다. 예를 들어, 누군가에 대해 복수심이 불타오를 때는 양선(良善)이 요구됩니다. 그때도 믿음은 중요하고 충성도 요구됩니다. 그렇지만 우선적으로 양선, 곧 착한 마음이 필요합니다. 그래야만 악을 악으로 갚지 않을 것이기 때문입니다(롬 12:17, 벧전 3:9).

하나님을 섬기며 살다 보면 많은 시련을 만납니다. 그럴 때도 오래 참음과 자비가 필요합니다. 그러나 섬김을 감당하기 위해 더욱 요구되는 덕목은 충성(忠誠)입니다.

그렇다면 신자가 시험을 만났을 때에는 어떤 덕목이 우선적으로 요구될까요? 그것은 인내(忍耐)입니다.

## 인내란 무엇인가?

국어사전적으로 인내란 "괴로움이나 어려움 따위를 참고 견딤"입니다.[13] 시험의 때는 인내를 성장시켜야 할 때입니다.

인내를 온전히 이루라……(약 1:4).[14]

진정한 인내는 참을 수 있는 데까지 참는 것이 아닙니다. 참을 수 있는 한도를 넘어서기까지 견디는 것입니다.

"어이구 온 몸이 쑤시네……."
젊은 청년이 두 팔을 들어 몸을 뒤로 젖히며 신음 소리를 냅니다. 어젯밤 늦게까지 과하게 운동을 했다고 하네요.
몸의 근육이 발달하는 원리는 이렇습니다. 근육은 단백질이 들어 있는 근섬유다발(muscle fiber bundle)이 모인 것입니다. 근섬유는 근형질과 근원섬유로 이루어져 있습니다. 운동을 열심히 하면 근섬유가 부하를 받습니다. 이 자극은 근섬유다발에 미세한 상처들을 남깁니다. 작은 근육주머니 일부가 여기저기 찢어지는 것입니다. 그것이 회복될 때, 상처 났던 근섬유 조직에는 단백질이 추가적으로 합성됩니다. 세포도 증식됩니다. 다음에는 상처가 생기지 않도록 스스로 더 강하고 튼튼하게 하는 것입니다.

---

[13] 고려대학교 민족문화연구원 국어사전편찬실 편, 『고려대 한국어대사전(ㅂ-ㅇ)』(서울: 고려대학교 민족문화연구원, 2011), 5015.

[14] 이 부분을 헬라어 성경에서 직역하면 다음과 같다. "그러니 그 인내가 온전히 작용하게 하라"(ἡ δὲ ὑπομονὴ ἔργον τέλειον ἐχέτω, 약 1:4上).

근육은 이런 재생과 강화의 과정을 거쳐 발달합니다. 따라서 근육이 발달하려면 조건이 있습니다. 근섬유가 반드시 스스로 감당할 수 있는 분량 이상의 부하와 스트레스를 받아야 합니다. 작은 근육주머니에 상처들이 생겨야 하기 때문입니다.[15]

신자가 강한 성품을 갖게 되는 것도 이와 유사합니다. 고통(苦痛)을 견디면서 강해지는데, 믿음과 사랑의 크기만큼 견딜 수 있습니다.


"귀머거리 3년, 벙어리 3년, 장님 3년."

조선시대 여성들의 시집살이를 표현하던 말입니다. 남편이 바람을 피워도 참고, 시어머니가 괴롭혀도 참았습니다. 시누이가 무시해도 참을 수밖에 없었습니다. 이렇게 참은 여성들에게 남은 것은 무엇입니까? 울화병, 속병, 사람을 향한 원망이었습니다.

성경적인 인내는 그런 것이 아닙니다. 참는 사람을 죽이는 인내가 아니라 살리는 인내입니다. 체념하는 심정으로 참는 것이 아닙니다.

고통받을 때, 동물은 단지 아픔을 느끼지만 인간은 그 의미를 생각합니다. 여기에 인간의 위대함이 있습니다. 고통의 의미(意味) 안에서 인생 전체를 관망합니다. 거기서 헛된 욕심을 버리고, 참된 고통의 희망을 갖습니다. 그래서 참을 수 있습니다. 다음 사실을 기억하십시오.


"인내는 믿음과 사랑이 결혼해서 얻은 자식이다."

---

[15] Arthur C. Guyton, John E. Hall, 『의학 생리학』, 강대길 외 26인 역 (서울: 정담, 2002), 77-78; Scott K. Powers, Edward T. Hawley, 『파워 운동생리학』, 최대혁 외 2인 역 (서울: 라이프사이언스, 2014), 259-260, 279-280을 참고할 것.

참된 인내는 이제까지 참지 못했던 것을 참는 지점에서 시작됩니다. 고통 너머에 있는 더 높은 가치를 사랑하기에 참는 것입니다.

## 인내를 온전히 이루어야 하는 이유

고린도교회 교인 중 어떤 이들은 바울이 사도임을 공개적으로 의심했습니다. 그러나 바울은 자신이 "그리스도 예수의 사도"라고 변증했습니다(고전 1:1). 그가 증거로 제시한 첫 번째 증표(證票)가 무엇이었는지 아십니까? 기적이나 능력이 아니었습니다. 바로 "참음", 곧 인내였습니다.

> 사도의 표가 된 것은 내가 너희 가운데서 모든 참음과 표적과 기사와 능력을 행한 것이라(고후 12:12).

예수께서 친히 인내의 본을 보이셨습니다. 유대인들로부터 핍박을 당할 때 어떻게 하셨습니까? 하늘의 천사를 부르셨습니까? 세상의 권력을 이용하셨습니까? 아닙니다. 오히려 연약한 몸으로 모든 고난을 견디며 참으셨습니다(히 12:2).

인성 아래 신성을 감추기까지 낮아지셨습니다(빌 2:6). 능력과 권세가 없으셨기 때문이 아닙니다. 고난을 참는 것이 아버지의 뜻임을 아셨기 때문입니다. 그분은 가장 약한 자처럼 낮아지셨습니다. 하나님을 의지하셨습니다. 그분의 낮아짐은 패배가 아니었습니다(빌 2:5-11). 오히려 낮아짐으로 승리하셨습니다(히 12:2). 그분의 낮아짐은 인내의 과정이었습니다.

신자가 인내를 온전히 이루어야 할 이유가 있습니다. 이에 대해 성경은 다음과 같이 말합니다.

> 인내를 온전히 이루라 이는 너희로 온전하고 구비하여 조금도 부족함이 없게 하려 함이라(약 1:4).[16]

아무것도 부족한 것 없이 완전해지기 위해서입니다. 이는 구원받은 신자라도 부족한 것이 있다는 사실을 암시합니다.

부모는 자녀를 낳기만 하지 않습니다. 아이를 향한 계획이 있습니다. 어떤 사람이 되어서, 어떤 인생을 살았으면 하는 바람이 있습니다. 재능을 따라 그런 사람이 되도록 사랑으로 돌봅니다.

하나님도 우리를 향한 계획을 갖고 계십니다. 창조하고 구원하신 목적이 있습니다. 하나님은 홀로 이 일을 하지 않으십니다. 우리 안에서, 우리와 함께 그 일을 이루어 가십니다(빌 2:13). 우리는 성령의 역사로 거룩해져 갑니다. 부패한 본성을 새롭게 하십니다. 불결한 성품을 순결하게 하십니다.

하나님께서 성경(聖經)을 주신 이유는 두 가지입니다. 불신자는 구원받게 하고, 신자는 온전한 사람이 되게 하려는 것입니다. "모든 성경은 하나님의 감동으로 된 것으로 교훈과 책망과 바르게 함과 의로 교육하기에 유익하니 이는 하나님의 사람으로 온전하게 하며 모든 선한 일을 행할 능력을 갖추게 하려 함이라"(딤후 3:16-17).

---

[16] 이 구절의 후반부를 헬라어 성경에서 직역하면 이렇다. "……이는 네가 아무것도 부족한 것 없이 완전하고 온전하게 되기 위해서다"(……ἵνα ἦτε τέλειοι καὶ ὁλόκληροι ἐν μηδενὶ λειπόμενοι, 약 1:4下).

신자에게는 두 가지 목표가 있습니다. 선한 인격을 온전하게 하는 것과 선한 행위를 하는 데 있어서 부족함이 없게 하는 것입니다. 전자는 신자의 성품(性品)에 대한 것이고, 후자는 생활(生活)에 관한 것입니다. 이것은 신자가 인내를 온전히 이루어야 하는 이유이기도 합니다. 이 두 가지를 자세히 살펴보겠습니다.

## 온전한 인격을 위해

첫째로, 온전한 인격(人格)입니다. 인내를 온전히 이루어가는 과정을 통해 우리의 인격은 온전해집니다.

> 인내를 온전히 이루라 이는 너희로 온전하고……(약 1:4).[17]

이는 성경을 주신 첫 번째 목적과도 같습니다. "이는 하나님의 사람으로 온전하게 하며……"(딤후 3:17).[18]

사람으로 하여금 참되게 살아가도록 성경을 주셨는데, 이는 시험(試驗)을 통해 온전한 사람이 되어 감으로써만 가능합니다. 이로써 그 사람이 선을 행하기에 최적화됩니다.

---

17) 야고보서에서 "온전하고"로 번역된 텔레이오스(τέλειος)는 '다 자란', '완전한', '성숙한'이라는 뜻이다. William Arndt et al., *A Greek-English Lexicon of the New Testament and Other Early Christian Literature* (Chicago: University of Chicago Press, 2000), 995-996.

18) 디모데후서에서 "온전하게"라고 번역된 헬라어는 알티오스(ἄρτιος)이다. 이는 '어떤 기능을 하기에 최적화된 상태'를 가리키는 말로서 '자질이 구비된', '능력 있는'이라는 뜻이다. Johannes P. Louw, et al., *Greek-English Lexicon of the New Testament based on Semantic Domains*, vol. 1 (New York: United Bible Societies, 1989), 679-680.

인간은 하나님의 형상(形狀)을 따라 창조되었습니다(창 1:26). 이 형상은 하나님을 닮은 영혼과 정신의 특성입니다. 인간은 이로써 하나님과 영적으로 교제할 수 있게 되었습니다.

죄로 인해 이 형상이 파괴되었습니다. 그것을 다시 회복시키시려고 예수 그리스도께서 오셨습니다. 예수님은 우리를 구원하실 뿐 아니라 거룩하게 하심으로써 이 형상을 회복시키십니다.

인간의 행복(幸福)은 참된 사람이 되는 데 있습니다. 그러려면 신자가 되어야 합니다. 나아가 성화를 통해 그리스도를 닮아가야 합니다(고전 11:1). 그리스도의 장성한 분량에 이르기까지 자라야 합니다(엡 4:13). 그러면 구원받은 신자가 어떻게 그리스도의 성품과 생활을 닮아갈 수 있을까요?

"그가 어떤 사람인지 알려면 그의 친구를 보라."

친구는 서로 닮게 된다는 말이 있습니다. 오랫동안 지속된 교제 속에서 서로 영향을 받기 때문입니다. 그리스도를 닮아가는 원리도 이와 같습니다. 완전하신 그분과의 교제 안에서 지속적으로 감화를 받음으로써 온전한 사람이 되어갑니다(빌 2:5-8).

시험은 그리스도를 닮아가는 좋은 방편입니다. 그때 하나님을 간절히 찾는다면 말입니다. 시험과 시련 자체에 사람을 온전하게 하는 힘이 있는 것은 아닙니다. 이것들은 수단일 뿐입니다. 시험 속에서 받는 은혜(恩惠)가 그것을 가능하게 합니다.

은혜 없이는 주님의 형상을 본받을 수 없습니다. 말씀 없이는 하나님의 뜻을 알 수 없고, 기도 없이는 예수님의 마음을 느낄 수 없습니다. 알지도 못하는 것을 어떻게 본받겠으며, 느끼지도 못하는 것을 어떻게 사모하겠습니까?

최고의 행복은 그리스도를 닮는 것입니다. 하나님은 이를 위해 시험을 사용하십니다. 거기서 하나님을 만나 변화받게 하십니다. 시험을 당할 때 오래 참아야 합니다. 이 일은 고요한 산속에서 이루어지지 않습니다. 치열한 삶의 현장에서 일어납니다. 자신이 누구냐고 묻지 마십시오. 사람들 속에 있는 바로 그 사람이 당신입니다.

하나님 앞에 변화된 것만큼 사람답게 살 수 있습니다. 사람들 속에서 선한 이웃으로 살아갈 수 있습니다. 자신의 부패한 성품을 발견하고 그것을 버리는 일은 자기 죽음의 길입니다(고전 15:31).[19] 믿음으로 살려는 사람들 안에서 성령께서 일하십니다. 이 믿음이 영적 생명을 누리게 합니다.

어떤 사람이 되고 싶으십니까? 그리스도를 닮아가고 있습니까? 시험을 당하나 주님을 닮아가는 기쁨이 있습니까?

믿음의 사람들은 모두 시험의 사람들이었습니다. 하나님의 사람 모세와 후계자 여호수아, 하나님 마음에 합한 사람 다윗과 의로운 선지자 세례 요한, 탁월한 전도자이자 신학자였던 사도 바울에 이르기까지 시험을 비껴간 사람은 아무도 없습니다.

꽃길만 걸어서는 좋은 사람이 되지 않습니다. 천국에 온 모든 성도들의 무릎과 종아리에는 상처가 가득합니다. 꽃길이 아니라 가시밭길을 헤치고 살아왔기 때문입니다.

---

[19] "회개의 경험 안에서 '자기'가 죽는다고 할 때, 그 죽음의 주체는 신자 안에 있는 죄된 육신, 즉 옛 사람의 성품입니다. 위대한 교부 어거스틴(Augustine of Hippo)은 인간의 모든 죄의 뿌리를 '자기 사랑'(amor sui)이라고 정의했는데, '자기 깨어짐'에서 말하는 깨어져야 할 대상은 바로 여기에서 언급된 '자기'입니다. 따라서 자기 깨어짐은 하나님의 뜻을 거스르는 본성의 파괴를 의미합니다." 김남준, 『자기 깨어짐』(서울: 생명의말씀사, 2019), 25.

## 완전한 생활을 위해

둘째로, 완전한 생활(生活)입니다. "온전하고"가 온전한 인격을 가리킨 다면, "구비하여"는 선한 생활을 위해 필요한 자질(資質)들을 갖추는 것을 의미합니다.[20]

……구비하여 조금도 부족함이 없게 하려 함이라(약 1:4).

이는 하나님께서 성경을 주신 두 번째 목적과도 일치합니다. 곧 신자가 온전한 생활을 하게 하시기 위함입니다. "……모든 선한 일을 행할 능력을 갖추게 하려 함이라"(딤후 3:17).

인간의 창조 목적은 하나님 보시기에 선한 사람이 되어 선한 생활을 하는 것입니다. 그렇지만 죄로 인해 그것을 알지도, 그렇게 살지도 못하게 되었습니다. 하나님의 선(善)이 아니라 자기 욕심을 따라 악(惡)하게 살게 되었습니다.

하나님이 우리를 구원하신 것은, 죄로 인해 잃어버린 창조의 목적으로 돌아가게 하시기 위함입니다. 다시금 하나님의 선한 일을 위해 살게 하시기 위함입니다. 이 일을 위해 그리스도께서 오셨습니다. 이것은 갑작스러운 계획이 아닙니다.

---

[20] "구비하여"로 번역된 헬라어는 홀로클레로스(ὁλόκληρος)인데, '전체의', '완전한'을 뜻하는 홀로스(ὅλος)와 '몫', '부분'을 뜻하는 클레로스(κλῆρος)가 합쳐진 말이다. 이는 '모든 부분에 있어서 그 기대에 부응하기에 어떤 결함도 없이 완전한'이라는 의미를 지니고 있다(살전 5:23). William Arndt et al., *A Greek-English Lexicon of the New Testament and Other Early Christian Literature* (Chicago: University of Chicago Press, 2000), 703-704.

우리는 그가 만드신 바라 그리스도 예수 안에서 선한 일을 위하여 지으심을 받은 자니 이 일은 하나님이 전에 예비하사 우리로 그 가운데서 행하게 하려 하심이니라(엡 2:10).

최고선(最高善)은 하나님이십니다. 따라서 선을 행하며 살아가게 하는 첫 번째 조건은 하나님을 사랑하는 것입니다. 그리스도를 믿음으로써 우리는 자기를 버리고 하나님을 사랑하게 됩니다.

신앙 없는 사람들도 때로 선한 일을 합니다. 그것은 외관적인 선입니다. 영적인 선, 곧 하나님을 사랑하는 동기에서 나온 것이 아닙니다.[21]

인간은 겉으로 드러난 것밖에 보지 못하지만, 하나님은 인간 안에 있는 것까지 보십니다. 행위뿐 아니라 동기까지 아십니다. 그 동기는 하나님의 사랑이어야 합니다.

첫 회심의 때는 첫사랑의 때입니다. 하늘이 열리고 은혜의 샘이 터지는 때입니다.[22] 그때 마음은 하나님 사랑으로 가득하게 됩니다. 그러나 항상 충만한 사랑 속에 있는 것은 아닙니다. 자기 사랑이 다시 생깁니다. 그래서 다시 세상을 사랑하게 됩니다. 시험을 이기는 은혜는 세상 사랑을 몰아내는 최고의 방편입니다.

시험의 때에 간절히 기도하십시오. 마음의 불결이 보일 것입니다. 열렬한 기도 속에서 마음과 하나 되었던 죄가 분리되기 시작합니다. 눈물로

---

[21] "(죄의 본성에 있어서) 선천성이라는 것은 인간이 태어날 때부터 본성적으로 오염되었다는 것을 말합니다. 그래서 인간은 누구든지 하나님 앞에서 어떠한 영적 선(spiritual good)도 가지고 있지 않게 되었다는 의미입니다." 김남준, 『구원과 하나님의 계획』 (서울: 부흥과개혁사, 2015), 67을 참고할 것.

[22] John Owen, *Indwelling Sin in Believers*, in *The Works of John Owen*, vol. 6, ed. William H. Goold (Edinburgh: The Banner of Truth Trust, 1991), 290.

회개합니다. 이때 성령의 작용으로 죄는 죽고, 말씀의 역사로 은혜는 살아납니다.

정욕이 물러간 자리에 사랑이 채워집니다. 그 사랑의 질서를 따르게 됩니다. 죄가 들어올 틈이 점점 사라집니다. 이렇게 시험을 통해 하나님이 기뻐하시는 사람이 되어 갑니다. 선한 일을 행하는 데 부족함 없이 준비되어 갑니다.

### 시험을 통해 온전해진다

우리는 하나님 덕분에 세상에서 잘되려고 합니다. 그러나 주님은 우리가 세상에서 잘되기보다 거룩해지기를 바라십니다. 거룩해짐으로써만 참된 행복에 도달할 수 있기 때문입니다.

항상 순종하면 얼마나 좋겠습니까? 항상 사랑하면 얼마나 좋겠습니까? 그러나 남아 있는 죄와 부패성이 방해합니다. 그래서 때로는 시련을 겪게 하십니다. 그것을 통해 우리를 순결하게 하십니다.

"쉬익쉬익, 화악, 확……."

거친 풀무질에 바람 이는 소리와 역청탄 타는 소리가 하모니를 이룹니다. 불 위에 놓은 도가니 속에서 금덩어리가 녹고 있습니다. 시인은 이렇게 노래합니다.

하나님이여 주께서 우리를 시험하시되 우리를 단련하시기를 은을 단련함 같이 하셨으며(시 66:10).

여기서 '단련하다'라고 번역된 단어는 히브리어로 **차라프**(צָרַף)입니다. 제철소에서 주로 사용된 단어인데 "(금속 따위를) 녹이다, (반복해 녹임으로써) 정결하게 하다"라는 의미입니다(사 1:25, 단 11:5).[23] 금이나 은의 불순물을 제거하기 위해 불로 녹이는 행위, 곧 제련(製鍊)하는 작업을 뜻합니다.

은이나 금을 함유한 광석을 용광로에 넣으면, 그 성분들은 녹아 불순물과 분리됩니다. 이를 여러 차례 반복하며 불순물을 걸러내면, 보다 순수한 금과 은이 됩니다. 그래서 이런 표현이 나온 것입니다. "여호와의 말씀은 순결함이여 흙 도가니에 일곱 번 단련한 은 같도다"(시 12:6).[24]

우리는 시험을 통해 자신의 참모습을 보게 됩니다. 숨어 있던 죄를 발견하게 됩니다. 하나님을 인격적으로 경험하게 됩니다. 그렇게 점점 더 온전한 사람이 되어 갑니다.

"덜컹덜컹, 쏴아-"

펌프에서 물이 쏟아집니다. 어린 소녀는 흐르는 물에 두 손을 댑니다. 그때 선생님은 소녀의 손바닥에 글씨를 씁니다. "W-A-T-E-R." 소녀의 이름은 헬렌 켈러(Helen Keller, 1880-1968), 선생님은 20세의 젊은 여성 앤 설리번(Anne Sullivan, 1866-1936)입니다.

헬렌은 태어난 지 19개월 되었을 때, 지독한 열병을 앓아 시력과 청력을 모두 잃었습니다. 그녀는 일곱 살 때 가정교사 앤 설리번의 도움으로

---

[23] Ludwig Koehler, Walter Baumgartner, *The Hebrew and Aramaic Lexicon of the Old Testament*, vol. 2 (ח-ם), trans. M. E. J. Richardson (Leiden: Brill, 2001), 1057.

[24] 욥은 자기의 시련을 이러한 제련의 과정을 통해 순금이 되어 가는 것에 비유했다. "그러나 내가 가는 길을 그가 아시나니 그가 나를 단련하신 후에는 내가 순금 같이 되어 나오리라"(욥 23:10).

교육을 받기 시작했습니다. 그리고 1904년, 당시 하버드대 부속 여자대학이던 레드클리프 대학을 당당히 졸업하고 사회운동가로, 작가로 이름을 남겼습니다.[25]

다른 사람이 볼 때 고통스러운 삶을 살았지만, 그녀는 그 시련을 통해서 하나님을 체험적으로 알게 되었습니다.

그녀의 생가를 돌아보고 내려오던 길, 저는 현관 계단에 한참 동안 멈춰서야 했습니다. 자신의 노년의 초상화 아래 그녀가 손수 써 놓은 성경 구절 때문이었습니다.

> 내가 사망의 음침한 골짜기로 다닐지라도 해를 두려워하지 않을 것은 주께서 나와 함께 하심이라 주의 지팡이와 막대기가 나를 안위하시나이다 (시 23:4).

시험 가운데 계십니까? 간절히 기도하십시오. 믿음으로 인내하십시오. 하나님을 알게 될 것입니다. 죄를 미워하게 될 것입니다. 죄를 죽이시는 성령의 역사에 참여하게 될 것입니다. 이로써 믿음의 진실성을 입증하게 될 것입니다.

더 많이 기도하십시오. 더 간절히 은혜를 갈망하십시오. 시련을 주신 하나님의 뜻을 깊이 생각하십시오. 그 뜻에 순종(順從)하십시오. 연단의 과정 속에서 인내는 온전해져 갑니다. 인내하는 사람에게는 고통보다 큰 위로의 약속이 있습니다. 그래서 기뻐할 수 있습니다.

---

25) 헬렌 켈러, 『사흘만 볼 수 있다면』, 박에스더 역 (서울: 산해, 2005)을 참고할 것.

> 내 형제들아 너희가 여러 가지 시험을 당하거든 온전히 기쁘게 여기라 (약 1:2).

믿음으로 분투하는 자는 현재적인 위로를 받습니다. 은혜의 기쁨입니다. 현재적으로 누리는 하나님의 사랑입니다. 인내하는 사람은 고통보다 큰 은혜를 경험합니다. 혹독한 시련을 믿음으로 견뎠던 시인은 이렇게 노래합니다.

> 주를 두려워하는 자를 위하여 쌓아 두신 은혜 곧 주께 피하는 자를 위하여 인생 앞에 베푸신 은혜가 어찌 그리 큰지요(시 31:19).

절망의 때에 찬양하는 사람들이 있습니다. 시련의 때에 불평하지 않고, 회개하는 사람들이 있습니다. 시련보다 더 큰 은혜가 있기 때문입니다. 그 은혜가 인내하게 합니다.

## 맺는말

인내는 기다림입니다. 하나님을 신뢰하기에 참는 것입니다. 약속하신 분이 신실하시기에 기다리는 것입니다. 강한 자만이 인내할 수 있습니다(시 31:24). 은혜가 우리를 강하게 합니다(엡 6:10). 시련을 참게 합니다.

포기하지 마십시오. 시험에서 벗어나기 위해 할 수 있는 모든 것을 하십시오. 아주 작은 것이라도 좋습니다. 최선을 다하십시오. 죄 때문에 겪는 고난이든지, 애매히 당하는 것이든지 너무 마음 쓰지 마십시오. 이미 일어난 일입니다.

겸손히 엎드리십시오. 하나님 앞에서 우십시오. 오직 하나님의 도우심을 바라십시오(시 123:2). 마음을 다해 기도하십시오. 간절한 마음으로 부르짖으십시오. 기도가 피의 펌프질이 되게 하십시오.[26]

인내로써 믿음을 입증하십시오. 하나님이 약속하신 좋은 것들을 받게 될 것입니다(히 10:36). 인내는 온전해지고, 신앙은 완전해질 것입니다. 하나님을 사랑하고 섬기는 데 부족함 없는 사람이 될 것입니다.

---

[26] "열렬한 기도란 마음의 피어린 펌프질을 통해 우러나오는 마음 깊은 곳의 사연이 하나님께 드려지는 것입니다. 그리고 이 열렬함의 정체는 기도를 들으시는 하나님과의 보다 완전한 연합을 위한 진지한 열중이자 거룩한 열의로서, 하나님을 향한 채워지지 않는 갈망에서 비롯되는 것입니다." 김남준, 『성화와 기도』 (서울: 생명의말씀사, 2010), 102.

### 한눈에 보는 2장

**I. 인내란 무엇인가?**

시험의 때에 가장 요구되는 덕목은 인내다.
인내는 단순히 견디는 것이 아니다.
참을 수 있는 한도를 넘어 견디는 것을 말한다.
하나님을 사랑하는 마음으로 참는 것이다.

**II. 인내를 온전히 이루어야 하는 이유**

온전하고 구비하여 부족함 없게 하기 위해서다.
첫째로, 온전한 인격을 위해서다.
은혜는 옛사람을 버리게 한다.
하나님의 형상을 온전히 이루게 한다.
둘째로, 완전한 생활을 위해서다.
우리는 선한 일을 위해 지음 받고 구원받았다.
그러나 그 일을 이루기에는 부족하다. 사랑이 부족하다.
은혜는 자기 사랑을 몰아낸다. 하나님 사랑을 충만케 한다.

**III. 시험을 통해 온전해진다**

시험은 우리 안의 죄된 요소를 드러낸다.
기도는 불결한 것들을 태우고, 말씀은 그것들을 죽인다.
이 과정을 통해 온전해진다. 이 일을 위해 인내하라.
인내하는 사람에게는 은혜의 기쁨이 있다.
이 은혜가 있기에 끝까지 인내할 수 있다.

## 제3장

# 지혜를 구하라

✦

만약 너희 중에 누구든지 지혜가 부족하다면,
그로 하여금 모든 사람에게 아낌없이 주시고
꾸짖지 아니하시는 하나님께 구하게 하라.
그리하면 그에게 주시리라.

Εἰ δέ τις ὑμῶν λείπεται σοφίας,
αἰτείτω παρὰ τοῦ διδόντος θεοῦ
πᾶσιν ἁπλῶς καὶ μὴ ὀνειδίζοντος,
καὶ δοθήσεται αὐτῷ.

**야고보서 1장 5절, KNJ 私譯**

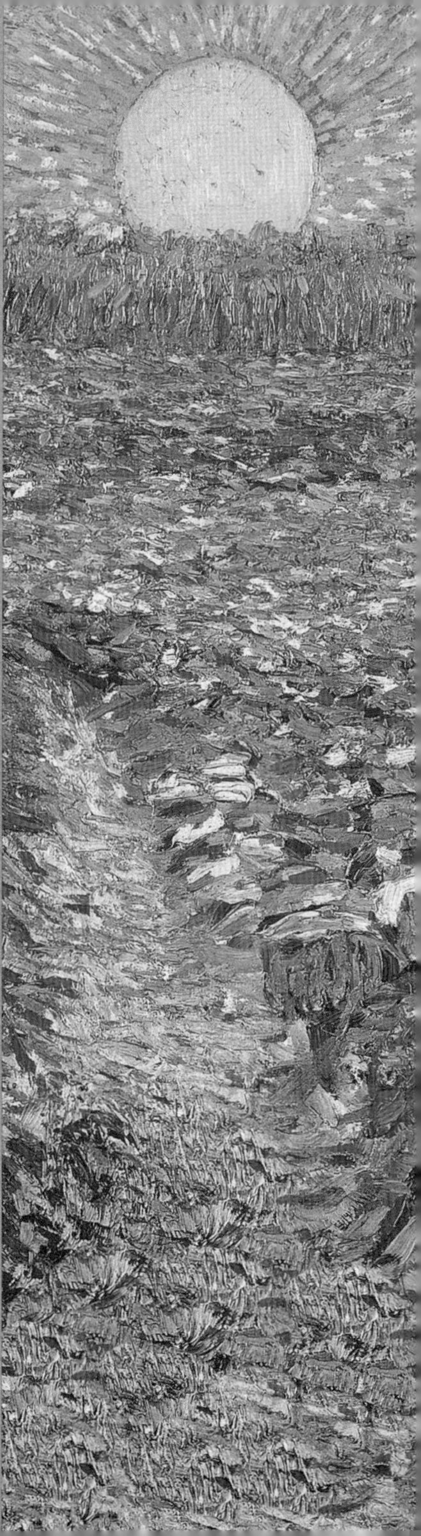

"사형에 처하라!"

전투가 있었습니다. 천 명으로 이루어진 몽골의 군대가 전멸하고 병사 한 명만이 간신히 목숨을 건졌습니다. 생존 병사는 패배한 전투 상황을 보고하기 위해 달려왔습니다. 그런 그에게 사형이 내려졌습니다. 이것이 13세기 세계를 호령하던 칭기즈 칸(成吉思汗, Chingiz Khan, c.1155-1227)이 이끈 몽골 제국의 군대입니다.

살아 돌아온 것이 죄는 아니었습니다. 싸우다 전사한 병사들과 함께 있지 않은 것이 당시 몽골의 군법을 어긴 죄였습니다. 어떤 일이 있어도 그들은 전우와 생사를 같이해야 했습니다. 이것이 몽골군을 무적으로 만들었습니다.

그리스도인의 삶은 영적 전투입니다. 우주적이고 영적인 전쟁에 참전하는 것입니다(딤후 2:3). 시험 속에서 미끄러진 채 사는 것은 영적으로 탈영한 것입니다(엡 6:12-13). 전우를 버려둔 채 도망간 것입니다.

### 무엇보다 지혜가 필요하다

시험의 때에는 은혜가 준비되어 있습니다. 그러나 동시에 사탄이 활동할 기회를 얻는 때이기도 합니다. 그래서 시험의 때는 위험합니다.

그때 죄는 자신의 계획을 실행하기 시작합니다. 사탄의 목표는 우리를 영적으로 무장해제시키는 것입니다. 죄와 유혹에 맞서 싸울 힘을 빼앗는 것입니다. 죄와 사탄의 전략은 다음과 같이 진행됩니다.

첫째로, 지성(知性)의 혼란입니다. 이는 생각의 혼란으로 나타납니다. 시험의 때에 제일 먼저 겪는 일입니다. 전에는 명료하고 분명하게 판단할 수 있었는데, 시험에 들면 혼란을 겪습니다. 무엇이 옳고 그른지 판단을 내리지 못합니다. 그래서 시험에 든 사람들이 입에 달고 사는 말이 있습니다. "휴우, 나도 잘 모르겠어."

둘째로, 정서(情緖)의 변화입니다. 침투한 죄는 즉시 정서에 영향을 미칩니다. 생각이 죄에 굴복하면, 거룩한 정서가 사라집니다. 대신 세속적 정서가 일어나 육욕이 번성합니다. 고독과 상처, 미움과 원망 같은 감정들이 생깁니다. 마음은 죄에 친화적이 되고, 죄는 지배력을 갖게 됩니다.

셋째로, 의지(意志)의 변화입니다. 넉넉히 감당하던 섬김도 시험에 들면 힘들게 느껴집니다. 선한 의지의 힘이 약화되었기 때문입니다. 섬김은커녕 예배 출석조차 힘겨워집니다.

서울 남산 꼭대기에는 봉수대 터가 있습니다. 태조 이성계가 도읍을 한양으로 옮긴 후, 목멱산(木覓山)이라 불리던 이 산에 봉수대 다섯 개를 설치했습니다. 밤에는 불을, 낮에는 연기를 피워 국경의 상황을 알렸습니다. 이것을 '홰'라고 합니다. 봉수대에 피운 홰를 5단계로 나눠 경계 상태를 알렸습니다. 평상시에는 1홰, 적이 출현하면 2홰, 국경에 접근하면 3홰, 국경을 침범하면 4홰, 전투가 시작되면 5홰를 피웠습니다.

조선 초기에는 봉수대가 북쪽과 남쪽의 국경에 이르기까지 전국 곳곳에 670여 개가 있었습니다. 국경에 관한 모든 정보는 목멱산 봉수대로 집결되었습니다.[27]

은혜 안에 있을 때, 생각은 침투하는 죄를 탐지합니다. 그 정보를 마음에 전달하고 경보를 울립니다. 그러나 시험에 들면 마음의 봉수대에서 연기와 불꽃이 오르지 않습니다. 이미 적의 수중에 떨어졌기 때문입니다. 그 틈을 타 죄는 신자의 마음에 침투합니다.

시험에 들었을 때 제일 먼저 영향을 받는 것이 지성입니다. 그때는 바르게 생각하는 것이 중요합니다. 어떻게 해서 이 상황에 도달했고, 자신이 어디로 가고 있는지 알아야 합니다. 시험을 통해 하나님이 무엇을 말

---

[27] 아래 사이트를 참조할 것. 문화재청 국가문화유산포털, s.v. "목멱산봉수대터," 2021년 7월 1일, http://www.heritage.go.kr/heri/cul/culSelectDetail.do?VdkVgwKey=23,00140000,11&pageNo=1_1_1_1.

씀하시는지 깨달아야 합니다. 이것이 지혜(知慧)입니다. 시험에 든 자들에게 지혜를 구하라고 하신 이유가 바로 이 때문입니다.

> 너희 중에 누구든지 지혜가 부족하거든 모든 사람에게 후히 주시고 꾸짖지 아니하시는 하나님께 구하라 그리하면 주시리라(약 1:5).

여기서 "지혜"라고 번역된 헬라어 **소피아**(σοφία)는, 하나님의 뜻과 그에 합당한 지식을 가리킵니다.[28] 이는 하나님의 시각에서 바라보고 내리는 판단력을 포함합니다. 지혜는 다음과 같은 효과를 가져다줍니다.

첫째로, 생각(mind)의 혼란에서 벗어나게 합니다(시 73:16-17). 지혜는 진리의 빛을 받은 마음의 판단력입니다. 진리는 무질서에 질서를 부여합니다. 시험이 든 마음에 진리의 빛이 비추면 놀라운 힘이 발휘됩니다(시 73:17). 사태를 올바르게 해석하도록 해 주기 때문입니다.

둘째로, 시험 속에서 행할 바를 가르쳐줍니다(시 25:4). 지혜가 있는 사람은 올바르게 인식합니다. 그래서 혼란스러워하지 않습니다. 이 시험이 어디에서 왔고, 어떻게 진전되고, 어디로 갈 것인지 알기 때문입니다.

진리와 함께 임하는 은혜는 지혜가 가르쳐준 대로 행할 힘을 줍니다. 지혜는 하나님께로부터 옵니다. 하나님은 지혜를 주시고(시 51:6), 마음은

---

[28] 고대 그리스에서 소피아는 '현명한, 기술이나 예술에 있어서 숙련된'을 뜻하는 형용사 소포스(σοφός)에서 왔다. 이 단어는 행동보다는 사람의 내적 자질을 의미했다. 처음에는 기술(skill)이라는 의미로 광범위하게 사용되다가 점차 지성적인 지식(intellectual knowledge)으로 제한되었다. 나중에는 실천적이며 이론적 영역 모두를 합친 지식으로 사용되었다. Gerhard Kittel, Gerhard Friedrich, Geoffrey William Bromiley, *Theological Dictionary of the New Testament: Abridged in One Volume* (Grand Rapids: Eerdmans, 1985), 1056-1064; H. G. Liddell, R. Scott, eds., *A Greek-English Lexicon* (Oxford: Clarendon Press, 1996), 1622.

그 지혜를 활용합니다. 죄에 빠지지 않고 성결한 삶을 살게 합니다. "오직 위로부터 난 지혜는 첫째 성결하고……"(약 3:17).

시험을 만났습니까? 감정(感情)의 파도에 휩쓸리지 마십시오. 더욱 정신을 차리십시오. 인생의 바다에서 시험이라는 파도를 한 번 만났다고, 인생을 포기할 수는 없지 않습니까?

## 실제적으로 필요한 지혜

"파도가 높은데 배를 출항해도 되나?"

청소년 시절, 먼 섬에서 인천으로 나오는 여객선을 탔습니다. 이런 날씨에 운항해도 되는지 의문이 들었습니다. 그러나 배는 정해진 시각에 부두를 떠났습니다. 파도는 더욱 거세졌습니다. 배 이쪽 머리를 때린 파도가 포물선을 그리며 반대편으로 떨어졌습니다. 폭우까지 쏟아졌습니다. 배는 미친 듯이 출렁거렸습니다.

이윽고 바다 위에 칠흑 같은 어둠이 내렸습니다. 어디가 육지이고 어디가 바다인지 알 수 없었습니다. 파도보다 무서운 것이 어둠이었습니다. 캄캄한 밤 여섯 시간을 넘는 항해 끝에 배는 출발했던 항구로 되돌아왔습니다.

"등대다, 불빛이 보인다!"

고함치는 소리가 들렸습니다. 구명조끼를 입은 채 선실 바닥을 구르던 승객들이 안도의 긴 한숨을 내쉬었습니다.

시험이 밤바다의 풍랑이라면, 지혜는 등대의 불빛입니다. 진리의 빛이 있어야 시험에서 벗어날 수 있습니다.

그렇다면 어떤 지혜가 필요할까요? 크게 세 가지입니다.

첫째로, 자신의 처지(處地)를 아는 지혜입니다. 시험에 든 사람은 이것을 제대로 파악하지 못합니다(시 95:10). 주시는 말씀의 의미도 바로 알지 못합니다. 그래서 시험을 만났을 때는 자신과 자신이 처한 상황을 정확히 알도록 간구해야 합니다.

둘째로, 하나님의 성품(性品)을 아는 지혜입니다. 곧 시험에 담긴 하나님의 뜻을 아는 것입니다. 은혜가 충만할 때는 하나님의 뜻을 잘 분별합니다. 그리고 가장 중요하게 여깁니다. 하나님과의 정서의 일치가 있기 때문입니다. 하나님이 슬퍼하시면 나도 슬픕니다. 하나님이 기뻐하시면 내 마음도 기쁩니다. 그러나 시험에 들면 이런 것들이 사라집니다.

셋째로, 시험의 본질(本質)을 아는 지혜입니다. 이는 시험의 정체를 아는 것입니다. 시험이 자신에게 미치는 영향을 아는 것입니다. 곧 시험의 원인과 결말을 아는 것입니다. 그러면 시험에서 벗어나는 길을 알 수 있습니다. 지혜가 이것을 가능하게 합니다.

## 지혜는 말씀을 통해서 온다

시험에 든 사람에게 소원은 무엇일까요? 하루빨리 상황이 끝나고 편안해지는 것입니다. 그래서 시험에서 벗어나게 해달라고 기도합니다. 그러나 그것보다 더 중요한 것이 있습니다. 그 시험을 허락하신 하나님의 의도를 아는 것입니다.

시험을 허락하실 때는 목적이 있습니다. 시험을 통해 이루고자 하시는 뜻이 있습니다. 이 일을 위해 믿음으로 반응하기 바라십니다. 하나님은 우리가 더 넓은 은혜의 세계를 보기 원하십니다. 그런데도 우리는 무조건 시험에서 건져 달라고만 떼를 씁니다.

아우구스티누스(Aurelius Augustinus, 354-430)가 회심의 때를 지날 때의 일입니다. 그는 그때의 심경을 『고백록』(Confessiones)에서 다음과 같이 회상했습니다.

> "나는 그렇게 병들어 있었고 예전에는 그런 적이 없으리만치 자신을 책망하며 괴로워했다. 사슬을 완전히 끊고 자유롭게 되고자 애쓰면서도 사슬에 묶인 채 뒹굴고 비틀었다. 나는 조금 묶여 있었다. 그러나 묶여 있는 것만은 사실이었다.……사실 나는 속으로 내게 말했다. '자, 이제 행하자. 이제 행하자.'"[29]

아우구스티누스는 마음이 부서져 슬피 울고 있었습니다. 때마침 이웃집에서 아이들의 소리가 들려왔습니다. "집어라. 읽어라."[30] 그는 울음을 그치고 벌떡 일어났습니다. 재빨리 달려가 성경을 펼쳤습니다. 로마서의 한 구절이 눈에 들어왔습니다.

---

[29] "*Sic aegrotabam et excruciabar accusans memet ipsum solito acerbius nimis ac uoluens et uersans me in uinculo meo, donec abrumperetur totum, quo iam exiguo tenebar. Sed tenebar tamen.……Dicebam enim apud me intus: 'Ecce modo fiat, modo fiat.'*" Avrelivs Avgvstinvs, *Confessiones*, 8.11.25, in *Corpvs Christianorvm Series Latina*, vol. 27 (Tvrnholti: Brepols, 1996), 129.

[30] Avrelivs Avgvstinvs, *Confessiones*, 8.12.29, in *Corpvs Christianorvm Series Latina*, vol. 27 (Tvrnholti: Brepols, 1996), 131.

낮에와 같이 단정히 행하고 방탕하거나 술 취하지 말며 음란하거나 호색하지 말며 다투거나 시기하지 말고 오직 주 예수 그리스도로 옷 입고 정욕을 위하여 육신의 일을 도모하지 말라(롬 13:13-14).

마르틴 루터(Martin Luther, 1483-1546)는 시편과 갈라디아서, 로마서를 읽다가 찬란한 복음의 빛을 체험했습니다. 그러고는 영적인 무지와 어둠에서 벗어나게 되었습니다.[31]

요한 웨슬리(John Wesley, 1703-1791)는 어떤 사람이 루터의 『로마서 주석 서문』(Preface to the Epistle of St. Paul to the Romans)을 읽는 것을 듣다가 복음을 깨달았습니다. 성령의 불을 받았습니다. 생애적인 변화를 경험하고, 헌신적인 전도자로 살게 되었습니다.[32]

"그날 저녁, 나는 썩 내키지 않는 마음으로 올더스게이트가에서 있었던 모임에 갔다. 거기서 어떤 사람이 루터의 『로마서 주석 서문』을 읽었다. 8시 45분쯤 되었을까? 그리스도를 믿는 믿음을 통해 하나님께서 사람의 마음에 역사하시는 변화들을 그가 묘사할 때, 이상하게도 내 마음이 뜨거워지는 것을 느꼈다. 나는 구원을 위해 그리스도, 오직 그리스도만을 의지하고 있음을 느꼈다. 그리고 그분이 나의 모든 죄를 도말하셨으며 죄와 사망의 법으로부터 나를 구원하셨다는 확신을 갖게 되었다."

---

[31] Marin Luther, "Preface to the Complete Edition of Luther's Latin Writings Wittenberg, 1545," *Career of the Reformer IV*, in *Luther's Works*, vol. 34, ed. Lewis W. Spitz (Philadelphia: Muhlenberg Press, 1976), 337; 김남준, 『염려에 관하여』 (서울: 생명의말씀사, 2020), 168-170.

[32] John Wesley, *The Heart of Wesley's Journal* (New Canaan: Keats Publishing, 1979), 43.

하나님은 말씀을 통해 일하십니다. 말씀을 마음에 비추십니다. 지성에 말을 걸어오십니다. 말씀을 통해 지혜를 주십니다.

육신의 눈으로는 누구나 똑같은 것을 봅니다. 꽃이 있으면 꽃을 보고, 돌이 있으면 돌을 봅니다. 그런데 진리의 빛이 마음을 비추면, 마음의 눈으로 꽃과 돌이 거기 있는 의미를 알게 됩니다. 그리고 그 앎을 삶에 적용합니다. 이것이 지혜가 하는 일입니다.

시험을 만났습니까? 말씀에 집중하십시오. 진리를 깨달으십시오. 지혜를 찾으십시오. 하나님은 구하는 자에게 주십니다(약 1:5).

## 사랑하면 깨닫는다

"말씀이 귀에 들어오지 않아."

시험을 만난 사람들이 흔히 하는 말입니다. 그러나 말씀이 안 들리는 것이 아닙니다. 마음이 떠난 것입니다. 문제는 현실이 어려운 것이 아니라, 마음이 병든 것입니다. 생각해 보십시오. 평안하다는 이유 하나로, 마음이 말씀 사랑으로 불붙은 적이 있었습니까?

하나님의 말씀을 마음에 들어오게 하는 것은 환경이 아닙니다. 그것은 믿음의 문제입니다. 믿음이 있는 사람은 어떤 상황에서든지 말씀에 귀를 기울입니다. 믿음이 없는 사람은 어떤 상황을 만나든지 그것을 핑계 삼아 말씀에 집중하지 않습니다.

성경은 지혜가 어디에서 오는지 가르쳐줍니다. "여호와를 경외하는 것이 지혜의 근본이요 거룩하신 자를 아는 것이 명철이니라"(잠 9:10).

경외심은 질서를 따라 생각하게 합니다. 하나님이라는 존재의 빛 아래서 인간 만사를 생각하게 합니다. 성결함은 신령한 질서 속에 깃들고, 불결함은 세속적 무질서 속에 자랍니다.

경건(敬虔)은 하나님에 대한 떨리는 두려움과 이끌리는 사랑입니다. 그분의 거룩하심을 알 때, 두려워하면서도 사랑하게 됩니다. 하나님을 경외할 때 사랑은 방종으로 흐르지 않습니다. 하나님의 엄위로우심과 아름다우심을 동시에 보기 때문입니다. 떨리는 마음으로 나아와 기쁨으로 말씀을 받게 됩니다. 이로써 지혜를 얻습니다.[33]

철학자들은 이성(理性)을 믿습니다. 거기서 지혜를 찾을 수 있을 것이라고 생각합니다. 그러나 이성은 진리가 아닙니다. 오히려 그것은 하나님의 지혜를 거스르기도 합니다. "이 세상 지혜는 하나님께 어리석은 것이니 기록된 바 하나님은 지혜 있는 자들로 하여금 자기 꾀에 빠지게 하시는 이라 하였고"(고전 3:19).

하나님을 사랑할 때에만 지혜롭게 됩니다. 시험을 이기려면 사랑으로 돌아가야 합니다. 자기를 사랑하는 마음으로 시험에 들었으니, 하나님을 사랑하는 마음으로 변화되어야 합니다.

시험에 든 사람들은 이런 사실을 잊기 쉽습니다. 혼란 속에서는 거룩한 정서는 사라지고 육욕(肉慾)이 마음을 채웁니다. 선을 행하기에는 느리지만, 악을 행하기에는 재빠릅니다. 하나님이 말씀을 주셔도 자신은 가고 싶은 길로 가려 합니다. 이런 마음으로는 시험을 이기지 못하니, 지혜를 얻을 수 없기 때문입니다.

---

[33] "나를 사랑하는 자들이 나의 사랑을 입으며 나를 간절히 찾는 자가 나를 만날 것이니라"(잠 8:17).

왜 진리를 두고 무지(無知)와 손잡습니까? 왜 어둠 속에서 값진 인생을 허비합니까? 지금도 정해진 인생의 촛불은 타들어 가고 있습니다. 어떻게 해서 얻은 우리의 구원입니까?

그러므로 시험의 때에 생각하십시오. 어떻게 하나님 사랑에서 미끄러지게 되었는지 숙고하십시오. 그 사랑을 회복하는 일에 마음을 쏟으십시오. 말씀을 통해 은혜를 받으십시오. 지혜롭게 되십시오. 그것이 시험을 이기는 길입니다.

## 간절히 구하는 자에게 주신다

시험의 때에는 원망하고 불평하기 쉽습니다. 은혜에서 멀어집니다. 하나님의 선하심과 신실하심을 믿지 않습니다. 그러면 시험은 더욱 깊어집니다. 이는 마치 바위를 짊어진 채 헤엄치는 것과 같으니, 결국 스스로 무게를 이기지 못하고 물속에 가라앉게 됩니다.

오래 기도했는데 상황이 좋아지는 것 같지 않을 때가 있습니다. 이때 사람들은 하나님이 자기의 기도를 듣지 않으신다고 생각합니다. 그러나 성경은 지혜를 구하라고 말합니다.

> 너희 중에 누구든지 지혜가 부족하거든 모든 사람에게 후히 주시고 꾸짖지 아니하시는 하나님께 구하라 그리하면 주시리라(약 1:5).

하나님은 모든 것을 후히 주셔서 누리게 하십니다(딤전 6:17). 지혜를 구하는 자에게는 더욱 그러하십니다. 욕심을 따르는 기도는 꾸짖으시지만,

지혜를 구하는 기도는 기뻐하십시오. 그 지혜로 시험을 이길 것이기 때문입니다.

하나님은 우리를 후대하십니다(시 13:6). 은혜를 베푸십니다. 아들도 아끼지 않고 주셨으니(롬 8:32), 어찌 시험을 이기려는 신자에게 지혜를 주시지 않겠습니까?

시험 속에 머물러 있지 마십시오. 간절히 구하십시오. 하나님의 지혜를 간절히 구하는 사람은 자신의 지혜를 버리는 중입니다. "……하나님께 구하라 그리하면 주시리라"(약 1:5).

더욱 간절히 지혜를 구하십시오. 하나님께 부르짖으십시오(시 18:6). 말씀을 깨달을 수 있도록 기도하십시오. 상하고 깨어진 마음으로 간구하기를 시냇물을 찾기에 갈급한 사슴같이 하십시오(시 42:1).

하나님은 가장 자비하시며 긍휼히 여기시는 우리 아버지이십니다(약 5:11). 그렇게 기도하는 자를 만나 주십니다. 시험에서 승리한 성도들의 고백은 똑같습니다. "나를 이 시험에서 건져내신 분은 하나님이십니다."

하나님 때문에 시험에 들었다고 생각하지 마십시오. 주님은 언제나 옳으십니다. 자신이 그릇되었다는 사실을 인정하십시오. "내가 주께만 범죄하여 주의 목전에 악을 행하였사오니 주께서 말씀하실 때에 의로우시다 하고 주께서 심판하실 때에 순전하시다 하리이다"(시 51:4).

얼마나 더 괴로움을 당해야 합니까? 시간은 우리의 어리석음을 비웃듯 시냇물처럼 빠르게 흘러가는데, 언제까지 시험 가운데 있을 것입니까? 왜 또 내일입니까? 왜 이 시험을 오늘 끝낼 수 없습니까? 무엇 때문에 더 많은 인생을 낭비하며 살아야 합니까?

## 맺는말

하나님은 선(善)하십니다. 악을 행하지 않으십니다. 하나님을 떠난 자에게 찾아온 시험은 그분의 깊은 사랑을 말해 줍니다. "이스라엘아 네 하나님 여호와께로 돌아오라……"(호 14:1).

시험에 든 채 그냥 있지 마십시오. 그렇게 살기에 당신의 인생은 너무나 소중합니다. 그동안 얼마나 자주 하나님을 잊고 살았습니까? 나쁜 일이 생기면 반성하는 대신 원망했습니다.

어려움이 오면 말씀을 깨닫는 대신 불평했습니다. 지혜를 구하지 않았습니다. 그래서 시험이 지금까지 계속되는 것 아닙니까? 아아, 그렇게 흘러가버린 아까운 세월이여!

하나님은 모든 것을 후히 주고 누리게 하시는 분입니다(딤전 6:17). 하늘의 신령한 복을 자녀들에게 주기 원하십니다(엡 1:3). 죽은 자에게 생명을 주시고 슬퍼하는 자에게 기쁨의 관을 씌워 주십니다(사 61:3).

지혜를 구하십시오. 그 지혜로 시험을 이기십시오.

한눈에 보는 3장

I. 시험의 영향

　시험 속에서 사탄은 우리를 영적으로 무장해제시키려 한다.
　사탄의 전략은 다음과 같이 진행된다.
　첫째로, 지성의 혼란이다. 옳고 그름에 대한 혼란을 겪게 된다.
　둘째로, 정서의 변화다. 세속적 정서가 마음을 가득 채운다.
　셋째로, 의지의 변화다. 선한 의지를 행할 능력을 약화시킨다.


II. 지혜가 필요하다

　시험 속에서 제일 먼저 지성의 혼란을 겪는다.
　그러면 죄를 죄로 여기지 못한다. 지혜가 필요하다.
　지혜는 하나님의 뜻과 그것에 합당한 지식이다.
　첫째로, 지혜는 생각의 혼란에서 벗어나게 한다.
　둘째로, 지혜는 어떻게 행해야 할지를 알려준다.


III. 실제적으로 필요한 지혜

　첫째로, 자신의 처지를 아는 지혜다.
　둘째로, 시험에 담긴 하나님의 뜻을 아는 지혜다.
　셋째로, 시험의 본질, 시험의 정체를 아는 지혜다.


IV. 지혜를 구하라

　지혜는 말씀을 통해서 온다. 시험의 때일수록 말씀에 집중하라.
　사랑할수록 말씀을 잘 깨닫는다. 하나님 사랑하기를 힘쓰라.
　하나님은 후히 주시고 꾸짖지 않으신다. 하나님께 간절히 구하라.
　좋은 것을 아낌없이 주시는 아버지이심을 잊지 말라.

# 제4장

# 믿음으로 구하라

✦✧✦

오직 그로 하여금 아무것도 의심하지 않으면서 믿음으로 구하게 하라. 이는 의심하는 자가 마치 바람에 밀려 요동하는 바다의 물결과 같기 때문이다. 따라서 이런 사람이 주께로부터 어떤 것을 얻을 것이라고 생각하게 하지 말라.

αἰτείτω δὲ ἐν πίστει μηδὲν
διακρινόμενος· ὁ γὰρ διακρινόμενος
ἔοικεν κλύδωνι θαλάσσης
ἀνεμιζομένῳ καὶ ῥιπιζομένῳ.
μὴ γὰρ οἰέσθω ὁ ἄνθρωπος ἐκεῖνος
ὅτι λήμψεταί τι παρὰ τοῦ κυρίου,

**야고보서 1장 6-7절, KNJ 私譯**

"으음, 아아아……."

신음 소리와 함께 아내가 수술실에서 나왔습니다. 이동용 침대에 누워, 눈을 굳게 감은 채 말없이 두 다리를 연신 움직였습니다. 많이 아파하는 게 느껴졌습니다. 결혼 3년 차, 우리는 그렇게 첫 아이를 유산했습니다. 울면서 돌아왔습니다.

그날은 수요일이었습니다. 주보에 실린 수요예배 순서지에 다시 한번 울었습니다. "로마서 8장 28절. 설교 제목. 그래도 하나님은 선하시니라. 설교자 김남준 전도사."

가장 고통스러운 순간에 하나님의 선하심을 눈물로 설교했습니다. 예배가 끝났을 때 제 마음엔 슬픔이 사라지고 평화가 밀려왔습니다.

시험 가운데 뒤로 물러난 사람들에게는 공통점이 있습니다. 하나님의 성품(性品)을 신뢰하지 않다는 것입니다. 미끄러지고 있기 때문입니다.

### 기도와 믿음의 관계

시험 당한 자에게 필요한 것은 지혜입니다(약 1:5). 간절히 지혜를 구하십시오. 그러면 주실 것입니다(잠 8:17). 그런데 어떻게 기도해야 할까요?

> 오직 믿음으로 구하고 조금도 의심하지 말라……(약 1:6).

좁은 의미에서 믿음은, 구하면 주시리라고 확신하는 것입니다. 넓은 의미에서 믿음은, 하나님을 인격적으로 신뢰(信賴)하는 것입니다. 곧 사랑하기에 전적으로 의지하는 것입니다. 반드시 돌보아 주시리라고 굳게 믿는 것이니, 절대적인 의존의 마음입니다.

기도에는 믿음이 필요합니다. 하나님께 대한 인격적 신뢰가 필요합니다. 이런 믿음으로 간절히 기도해야 합니다(눅 18:1-8). 어떤 시험을 만나든지 두 가지 사실만 붙들면 이길 수 있습니다.

첫째로, 하나님은 선하시다는 사실입니다(시 107:1). 하나님은 절대적으로 선하십니다. 어떤 악도 행하지 않으십니다(창 50:20). 선(善) 자체이신 하

나님이 악을 행하신다는 건 모순입니다. 당신을 의지하는 자들을 결코 버리지 않으십니다(시 9:10). 이 사실을 단단히 붙드십시오.

둘째로, 말씀으로 인도하신다는 사실입니다. 하나님은 우리를 인도하시되, 말씀으로 인도하십니다(시 23:3). 말씀으로 깨닫게 하십니다. 감화를 주셔서 깨달은 바를 행하게 하십니다. 자신의 인생길을 돌아보십시오. 무지와 어둠에서 어떻게 깨어났습니까? 죄의 올무가 어떻게 끊어졌습니까? 어떻게 하나님이 인도하셨습니까? 모두 하나님의 말씀을 깨달았기 때문에 일어난 일이 아닙니까?

"오직 믿음으로 구하라"고 합니다. 무슨 믿음입니까? 지혜를 구하면 주시리라는 믿음입니다. 말씀을 깨닫게 하시리라는 믿음입니다. 시험의 때에 더욱 필요한 것이 바로 믿음입니다.

잠깐 기도하고 얻지 못했다고 의심하지 마십시오. 실망하지 마십시오. 하나님의 약속을 믿으십시오. 지혜를 주실 것입니다. 한 발자국도 뒤로 물러나지 마십시오. 더욱 간절히 기도하십시오. 오히려 자신에게 말해 주십시오. "하나님은 선하시다."

## 의심하지 말라

믿음은 이성(理性)이 아니라 마음의 논리를 따르게 합니다. 이성은 알 만한 것을 깨닫게 하지만, 마음은 알 수 없는 것을 깨닫게 합니다. 해부학적으로 오장육부의 존재를 아는 것은 이성이고, 윤리학적으로 양심의 존재를 아는 것은 마음입니다. 믿음은 보이는 세상에서 보이지 않는 것을 따라 사는 것입니다(히 11:1).

믿음 없이 환경을 바라보면 마음이 흔들립니다. 이성의 논리만을 따르기 때문입니다. 그러면 눈에 보이는 상황을 믿음으로 해석할 수 없습니다. 점점 하나님을 의심하게 됩니다. 이들을 가리켜 성경은 말합니다.

……의심하는 자는 마치 바람에 밀려 요동하는 바다 물결 같으니 이런 사람은 무엇이든지 주께 얻기를 생각하지 말라(약 1:6-7).[34]

의심한다는 것은 마음이 나뉘었다는 뜻입니다. 하나님께만 마음을 모으지 않았다는 뜻입니다. 의심하는 사람들은 하나님을 믿지 못합니다. 그분의 능력을 확신하지 못하니, 신앙의 견고함이 없습니다. 마음은 정(定)함 없이 보이는 것에 널뜁니다.

이런 사람은 무엇이든 주께 얻기를 생각하지 말아야 합니다(약 1:7). 이때 "무엇"은 좋은 것을 가리킵니다. 하나님의 선하신 성품에서 나오는 모든 좋은 대우(待遇)를 말합니다. 의심하는 자는 그런 것을 기대하지 말라는 뜻입니다.

자신이 시험을 만났다는 사실을 인정하십시오. 하나님의 도움이 아니면 이길 수 없다고 고백하십시오. 그래야 믿는 사람입니다. 그러나 의심하는 사람들은 그렇게 하지 않습니다. 다만 환경이 바뀌길 바랍니다. 요행을 바랍니다. 하나님보다 자기의 능력을 의지합니다. 상황이 나쁘면 실

---

34) "의심하는 자"라고 번역된 헬라어 디아크리노메노스(διακρινόμενος)는 '의심하다', '판단하다', '분별하다', '분리하다'라는 의미를 가진 동사 디아크리노(διακρίνω)의 분사형이다. William Arndt et al., *A Greek-English Lexicon of the New Testament and Other Early Christian Literature* (Chicago: University of Chicago Press, 2000), 231; 고대 헬라어에서도 유사한 의미로 사용되었다. Franco Montanari, *The Brill Dictionary of Ancient Greek*, vol. 1(A-K) (Leiden: Brill, 2015), 492.

망해서, 좋으면 자만해서 기도하지 않습니다.

시험을 이기고 싶습니까? 믿음을 가지십시오. 환경에 흔들리지 마십시오. 지혜를 구하면 주실 것을 믿으십시오. 그 믿음으로 열렬히 기도하십시오. 보이는 현실보다 확실한 말씀을 붙들고 견디십시오.

### 견고한 삶을 살라

왜 믿음이 흔들릴까요? 은혜에서 멀어졌기 때문입니다. 왜 끝까지 사랑하지 못할까요? 시험을 이기게 하는 힘을 잃었기 때문입니다.

시험 속에서 분투하는 것은 고혈을 짜내는 일입니다. 많은 희생이 요구됩니다. 체력과 정신력을 앗아갑니다. 그래서 시험의 때에는 은혜가 필요합니다. 시련을 뛰어넘는 기쁨이 있어야 합니다. 시험을 당했으나 견고한 사람들을 보십시오. 그들은 시험 중에도 믿음으로 삽니다. 받은 은혜로 순종하고, 말씀을 잘 깨달으려 애씁니다.

견고한 것은 단지 참는 것이 아닙니다. 거기에는 생명이 있어야 합니다. 이 생명은 영적 생명입니다. 사랑의 힘입니다. 이 힘으로써 견고한 삶을 살아갑니다. 이런 사람들은 시험을 만날지라도 낙심하지 않습니다. 진리 안에서 생명의 기쁨을 누리기 때문입니다.

믿음의 지식은 사랑으로 결합되어야 합니다. 그것이 삶이 되어야 합니다. 비바람에 흔들리지 않는 견고한 삶을 살 수 있어야 합니다. 그렇지 않으면 믿음은 아무것도 아닙니다.[35]

---

[35] 믿음으로 사는 사람은 견고하고 행복하다. 하나님과 화목하게 사는 사람은 무엇이든지 구하는 것을 얻는다(요 15:7). 주의 계명을 지키고 그분이 기뻐하시는 것을 행하기 때문이다(요일 3:22).

하나님께서 바라시는 삶은 무엇입니까? 시험에 굴복하지 않고 믿음으로 사는 것이 아닙니까? 그런 삶을 살라고 은혜를 주시는 것 아닙니까?

## 은혜를 지키며 살라

은혜에 대해 냉소적인 사람들이 있습니다. 은혜를 받아도 곧 그 감격이 사라진다는 것입니다. 그들은 은혜 받기 위해 힘쓰지 않습니다. 그러나 그것은 문제의 본질을 혼동하는 것입니다.

문제는 받은 은혜가 적은 것이 아니라, 그것을 지키지 못한 데 있습니다. 다시 배고프게 된다고 밥을 안 먹겠습니까? 다시 목마르게 된다고 물을 마시지 않겠습니까?

진실한 회개의 눈물은 소중합니다. 주님을 다시 만나고 싶어 하는 마음도 그렇습니다. 말씀에 대한 깨달음은 너무 소중합니다. 어찌 이런 것들이 아무것도 아닐 수 있겠습니까?

말씀을 깨달았습니다. 무엇이 잘못되었는지가 드러났습니다. 어떻게 살아야 할지 알게 되었습니다. 그런데 그렇게 살고 싶지 않습니다. 자기 마음대로 살고 싶기 때문입니다. 왜 그렇게 되었을까요? 이미 주신 은혜를 간직하지 못했기 때문입니다.

왜 은혜를 주십니까? 왜 사랑하게 하십니까? 왜 말씀을 깨닫게 하십니까? 예수 생명으로 살게 하시기 위함이 아닙니까? 은혜는 소명과 함께 주어지는 것이니, 은혜 받은 자는 더욱 하나님 뜻대로 살아야 합니다. 그것이 받은 은혜를 지키는 길입니다.

"하루도 기도 없이 살 수 없어요."

이런 고백을 하는 성도들은 기도를 많이 하는 분들입니다. 새롭게 은혜를 받기 원하십니까? 먼저 받은 은혜를 지키기 위해 기도하십시오. 문제는 주신 은혜가 모자란 것이 아닙니다. 받은 은혜를 따라 살지 않은 것이 더 큰 문제입니다.

사도 바울은 날마다 죽노라고 했습니다(고전 15:31). 다른 사람을 그리스도께로 인도하고 자신은 버림 받을까 두려워한다고 했습니다(고전 9:27). 믿음으로 살기 위해 늘 조바심을 냈습니다. 무엇 때문이었습니까? 이미 주신 은혜 안에서 살고 싶었기 때문입니다. 더 풍성한 생명을 누리고 싶었기 때문입니다.

은혜를 간구하십시오. 받은 은혜를 지키십시오. 그것이 얼마나 소중한지 잊지 마십시오. 부주의함(uncarefulness)으로 시험에서 미끄러지지 마십시오. 은혜의 힘으로 버티십시오. 결코 물러나지 마십시오. 하나님이 지켜주실 것입니다.

## 맺는말

시험을 받았을 때 아브라함은 행함으로 의롭게 되었습니다. 그렇다고 행함이 구원의 조건이라는 뜻은 아닙니다. 참된 믿음은 반드시 삶으로 고백된다는 뜻입니다. 우리의 믿음은 행함과 함께 역사하고 행함으로 온전해집니다(약 2:21-22).

하나님은 우리의 믿음을 아십니다. 그리고 우리의 믿음이 머릿속에만 머물지 않고 삶으로 나타나길 원하십니다.

시험 속에서, 당신은 믿음을 증명하고 있습니까? 신자의 일생은 믿음을 입증하며 사는 것이니, 시험의 때에는 더욱 그렇습니다. 그때 우리를 기뻐하시는 하나님의 마음을 알게 될 것입니다. 주님이 우리 영혼에 새 힘을 주실 것입니다(시 138:3).

**한눈에 보는 4장**

I. 믿음 안에서 기도하라

성경은 오직 믿음 안에서 구하라고 한다.
좁은 의미의 믿음은, 구하면 주시리라는 확신이다.
넓은 의미의 믿음은, 하나님께 대한 인격적 신뢰다.
믿음이 있는 사람들만이 끝까지 기도할 수 있다.
그러므로 두 가지 사실을 붙들라.
첫째로, 하나님은 선하시다.
둘째로, 말씀으로 인도하신다.


II. 의심하지 말라

의심하다라는 말은, 마음이 나뉜 것을 뜻한다.
곧 마음이 하나님 한 분께 모아지지 않는 것이다.
하나님의 선하심과 신실하심, 능력을 확신하지 못하는 것이다.
이런 사람들은 환경에 따라 흔들리는 삶을 살게 된다.
흔들리는 삶은 믿음으로 사는 것이 아니다.
보이는 현실보다 더 확실한 말씀을 붙들라.


III. 은혜 안에서 살라

시험의 때일수록 은혜를 구하라.
은혜가 견고한 삶을 살게 한다.
말씀에 순종함으로 은혜를 지키라.
그때 삶은 견고해지고, 구하는 것을 얻게 된다.

## 제5장

# 두 마음을
# 품지 말라

두 마음의 사람은 그의 모든 (행하는)
길들에 있어서 확정함이 없는 자다.

ἀνὴρ δίψυχος, ἀκατάστατος
ἐν πάσαις ταῖς ὁδοῖς αὐτοῦ.

**야고보서 1장 8절, KNJ 私譯**

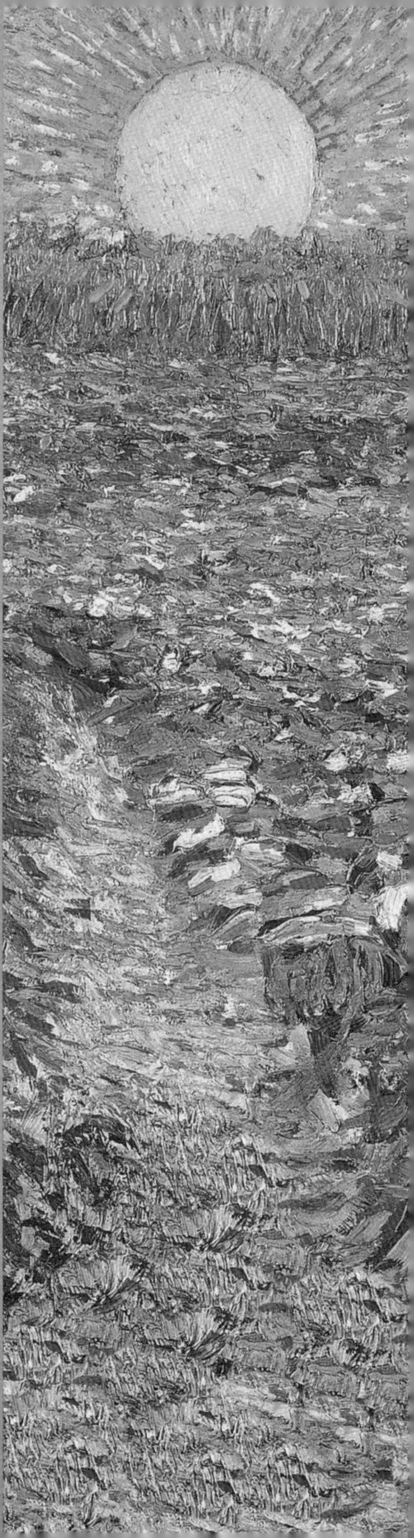

"휘이익, 쏴아, 우우웅……."

태풍이 몰려 닥쳤습니다. 신작로 양옆에 기둥 같이 서 있던 미루나무들이 뿌리째 뽑히며 쓰러졌습니다. 쓰러지는 나무는 승합차를 덮치고, 길을 가로막았습니다. 그러나 뿌리 깊은 나무는 가지가 부러질지언정 뽑혀서 넘어지지 않았습니다.

신앙의 깊이는 견고함이 증명합니다. 견고함은 믿음의 지식과 마음의 사랑이 삶의 체계가 된 것입니다. 그것은 깊고 넓게 뿌리내리게 한 강인한 생명력입니다.

견고한 사람은 쉽게 넘어지지 않습니다. 많은 고통을 겪지만 더욱 온전해집니다. 그러나 어떤 사람은 작은 시험에도 요동합니다. 왜 그럴까요?

두 마음을 품어 모든 일에 정함이 없는 자로다(약 1:8).

### 두 마음이란 무엇인가?

여기서 마음은 인격의 심장부를 뜻합니다(잠 4:23). 지성이나 감정, 의지 중 하나만을 가리키는 것이 아닙니다.

견고한 사람은 한마음으로 삽니다. 그런데 마음이 나뉠 때가 있습니다. 사랑이 변한 것입니다. 하나님 사랑에서 자기 사랑으로 넘어간 것입니다.

사랑이 둘이라면 마음에 두 가지 질서가 있는 것입니다. 자기 뜻대로 살려는 질서와 하나님의 뜻대로 살려는 질서입니다. 이 둘은 서로 우위를 차지하려고 합니다. 마음 안에서 내분이 일어났는데 어찌 그의 삶이 견고할 수 있겠습니까?

한 남성이 한 여성과 사랑에 빠졌습니다. 한없이 헌신적이고 자상합니다. 그런데 그렇게 대하는 여성이 한 사람이 아닙니다. 다른 여성이 한 명 더 있습니다. 그는 누구를 사랑한 것일까요? 엄밀히 말해 둘 중 누구도 사랑한 것이 아닙니다. 자기 자신을 사랑한 것입니다.

하나님을 사랑하는 것은 그분을 마음의 초점으로 삼는 것입니다. 삶의 희망을 그분에게서만 찾고 그분 때문에만 기뻐하는 것입니다. 그러나 자기를 사랑하면 마음이 나뉩니다.

우리 마음은 하나님 사랑으로 하나 되어야 합니다. 한 사람이 동시에 두 주인을 섬길 수 없습니다(마 6:24). 그런데 믿음으로 살지 않으면 마음이 나뉩니다. 시험의 때에는 더욱 그렇습니다. 그것은 청결한 마음이 아니며, 확정되지 않은 마음입니다. 이를 자세히 살펴봅시다.

## 두 마음, 불결한 마음

첫째로, 두 마음은 불결(不潔)한 마음입니다. 성결하지 않습니다. 이런 사람은 무엇을 얻으려고 하기 전에 먼저 마음을 깨끗이 해야 합니다.

······두 마음을 품은 자들아 마음을 성결하게 하라(약 4:8).

사랑으로 하나된 마음은 거룩하며 청결합니다. 하나님은 마음이 청결한 자들과 교제하십니다(시 73:1, 마 5:8). 두 마음으로는 하나님과 온전히 교제할 수 없습니다(호 10:2). 그런데 하나님과의 거룩한 교제 없이 어떻게 시험을 이기겠습니까? 어디서 시험을 이길 힘을 얻겠습니까?

은사를 받았다고 해서 하나님과 깊은 교제를 누린다고 생각하지 마십시오. 하나님과의 친밀한 교제는 은사가 아니라 은혜의 효과입니다. 은사는 하나님의 일을 하도록 주신 것입니다. 방언이나 예언이 하나님과의 영적 교통의 깊이를 보증하지 않습니다(마 10:1, 요 6:70).

은혜는 하나님이 영혼을 직접 어루만지시는 영적인 복입니다. 이는 사랑하게 하시는 감화입니다. 은혜만이 하나님과의 교제 속으로 들어가게 합니다. 은혜는 시험 속에서도 생명을 주기에 고난 속에서도 사랑하게 합니다. 거룩한 의무를 감당할 수 있게 합니다. 은사가 은혜를 대신할 수 없습니다. 하나님은 당신을 찾는 자들에게 은혜를 주십니다.

"그러므로 우리는 긍휼하심을 받고 때를 따라 돕는 은혜를 얻기 위하여 은혜의 보좌 앞에 담대히 나아갈 것이니라"(히 4:16).

하나님을 찾는 자들은 죄를 지었어도 용서받을 것입니다. 잘못했어도 하나님이 오류를 고치실 것입니다. 그러나 하나님을 찾지 않는 자들은 의를 행할지라도 결국 죄를 짓습니다. 은혜에서 멀어질 것이기 때문입니다.

하나님은 마음이 청결한 사람을 찾으십니다. 그분이 거룩하시기 때문입니다(사 6:3). 이들에게 자신을 보여주십니다.

마음이 청결한 자는 복이 있나니 그들이 하나님을 볼 것임이요(마 5:8).[36]

마음이 불결한 사람은 성결한 자들 중에 들지 못합니다. 한마음으로 하나님을 찾을 때까지 말입니다. 어찌 두 마음으로 거룩하신 하나님과 교제의 기쁨을 누릴 수 있겠습니까? 불결한 마음으로 어찌 순결하신 하나님을 뵙겠습니까?

---

[36] "청결한"이라고 번역된 헬라어 카싸로스(καθαρός)는 유대 전통에서 '(물로 씻어서) 깨끗하게 된', '청결을 회복한'을 의미한다(마 5:8). 또는 '아무것도 섞이지 않은 순수한'을 가리키기도 한다. William Arndt et al., *A Greek-English Lexicon of the New Testament and Other Early Christian Literature* (Chicago: University of Chicago Press, 2000), 489; Gerhard Kittel, Gerhard Friedrich, Geoffrey William Bromiley, *Theological Dictionary of the New Testament: Abridged in One Volume* (Grand Rapids: Eerdmans, 1985), 382-383.

마음이 청결합니까? 하나님께 확정되었습니까? 생사 간에 주님만 의지합니까? 시련의 때에 하나님을 찾으십시오. 기가 막힐 웅덩이와 수렁에서 건짐 받을 것입니다(시 40:2). 한 마음으로 기도의 날개를 다십시오.

## 청결함을 추구하라

청결함은 경건한 삶의 토대입니다. 신령한 모든 것은 청결합니다. 마음이 청결하지 않으면 삶은 쓰레기 더미 위에 지어진 집과 같습니다. 바람이 불면 날아갈 것이고, 비가 오면 무너질 것입니다.

원리적으로는, 구원받은 신자들의 마음은 모두 청결해졌습니다. 그리스도의 보혈이 그들의 죄를 영원히, 단번에 씻어냈기 때문입니다.

그러나 실제적으로는, 수시로 더러워집니다. 마음 안에 남아 있는 부패한 죄성 때문입니다. 신자가 늘 말씀과 기도로 청결해져야 할 이유가 여기에 있습니다(딤전 4:5).

믿음의 진실성은 사랑으로 입증됩니다. 사랑이 믿음의 결과이기 때문입니다. 곧 자신을 넘어서서 이웃을 향하는 사랑입니다. 믿음이 이런 사랑을 가져다줍니다. 마르틴 루터는 자신의 책 『그리스도인의 자유』(*The Freedom of a Christian*)에서 다음과 같이 말합니다.

"그러므로 우리는 이렇게 결론을 내린다. 그리스도인은 자신 안에서가 아니라, 그리스도와 그의 이웃 안에서 산다. 그렇지 않은 자는 그리스도인이 아니다. 그는 믿음을 통해 그리스도 안에서 살고, 사랑을 통해 이웃 안에서 산다. 믿음으로써 자기 자신을 넘어 하나님께로 올려지며, 사랑으로써 자신 아래로 이웃에게 내려간다. 그러나 그는 언제나 하나님과 그분의 사랑 안에 거한다."37)

사랑은 물 같아서 흘러가려고 합니다. 하나님을 향하거나, 자기를 향하거나 둘 중 하나입니다. 세상을 향하거나 천국을 향합니다. 세상을 사랑하면 그 사람의 마음에 하나님 사랑이 없습니다(요일 2:15).

사랑하는 이를 만나지 못하는 것은 고통입니다. 하나님을 사랑하는 사람은 그분의 얼굴을 찾습니다. 그는 불결을 미워하고, 순결을 사랑합니다. 불결을 미워한다면 죄는 마음에 뿌리 내리지 못합니다. 이미 뿌리를 내린 죄도 결국 뽑히고 말 것입니다. 그러나 불결을 좋아한다면 잠시 방문한 죄는 당신의 마음에서 집을 지을 것입니다.

마음의 청결함을 위해 싸우십시오. 성령을 의지하십시오. 하나님을 만나기를 간구하십시오. 마음의 불결에 대해 생각하십시오. 그 부자유함과 옳지 않음에 대해 숙고하십시오. 은혜를 구하십시오.

성화(聖化)를 위해 분투하는 노력은 가벼운 멍에입니다(마 11:30). 하나님 없이 사는 고통에 비하면 아무것도 아닙니다. 주님 없이 살던 때를 생각해 보십시오. 어둠 속에서 홀로 눈물 흘리던 때를 기억해 보십시오. 죽은 자로서 산 자처럼 사느라 얼마나 힘들었습니까?

그 고통에 비하면 하나님을 찾는 노력은 아무것도 아닙니다. 왜냐하면 죄와 싸우는 분투하는 마음 안에 이미 말씀의 위로가 있기 때문입니다.

---

37) Martin Luther, "The Freedom of a Christian, 1520," *Career of the Reformer I*, in *Luther's Works*, vol. 31, ed. and trans. Harold J. Grimm (Philadelphia: Fortress Press, 1971), 371.

이 말씀은 나의 고난 중의 위로라 주의 말씀이 나를 살리셨기 때문이니이다(시 119:50).

청결한 마음은 텅 빈 마음이 아닙니다. 단지 죄가 없는 공백 상태가 아닙니다. 하나님 사랑으로 가득해서 다른 사랑이 비집고 들어올 틈이 없는 마음입니다. 순결함은 거룩한 사랑의 충만이니, 다른 사랑을 허용하지 않습니다. 그 사랑은 하나님께 마음과 뜻과 목숨과 성품을 다 바치는 마음입니다(마 22:37).

"글쎄, 나도 잘 모르겠어. 사랑하니까 되네."

포르노그래피에 빠져 살던 청년의 대답입니다. 그가 어떻게 잘못된 습관에서 벗어나게 되었을까요? 피눈물 나는 노력의 결과가 아니었습니다. 진심으로 사랑하는 여성을 만났기 때문입니다. 사랑하고 나니, 세상에서 그 사람만 여자고, 나머지 여자들은 그냥 사람일 뿐이었습니다. 사랑에 빠지고 나니 순정을 갖게 된 것입니다. 모든 사랑은 순정(純情)을 동반합니다. 그렇지 않다면 사랑이 아닙니다.

하나님에 대한 갈망으로 마음을 채우십시오. 모든 불결로부터 청결해지십시오. 그리스도를 향한 사랑으로 충만해지십시오. 그 일을 위해 시련을 주신 하나님의 뜻을 생각하십시오.

시험의 때에 간절히 기도할 수 있다면 얼마나 좋겠습니까? 충만한 임재 속에서 기도할 수 있다면 무엇이 두렵겠습니까? 마음을 청결하게 하십시오. 그러면 칠흑 같은 인생의 밤, 당신의 기도는 충천하는 화염이 될 것입니다. 동토(凍土)와 같은 인생의 벌판에도 봄이 올 것입니다.

## 두 마음, 정함이 없음

둘째로, 두 마음은 정(定)함이 없는 마음입니다. 이는 의지가 확정되지 않은 상태입니다. 이런 마음으로는 시험을 이길 수 없습니다.

> 두 마음을 품어 모든 일에 정함이 없는 자로다(약 1:8).[38]

마음에 정함이 없는 사람은 닻 없이 표류하는 배와 같습니다. 그들은 하나님께 믿음의 닻을 내리지 않습니다. 세상에 가면 세상을 사랑하고 싶고, 교회에 오면 믿음으로 살고 싶습니다.

마음은 세상을 향해 열리기도 하고, 하나님을 향해 열리기도 합니다. 전심으로 하나님을 의지하지 않는 사람은 변덕스럽습니다. 그들의 마음은 결코 가만있지 않습니다.

"아, 결국 내 잘못 때문이었구나."

마음에 정함이 없어도 일시적으로 깨달을 수 있습니다. 선한 결심을 할 수 있습니다. 그럴 때면 시험을 금방 이길 수 있을 것 같은 생각이 듭니다. 그러나 마음이 확정되지는 않았기에 결국 자기가 처한 현실과 쉽게 타협하고 맙니다.

---

[38] "정함이 없는"으로 번역된 헬라어는 아카타스타토스(ἀκατάστατος)다. '없다'라는 뜻을 가진 아(α)와 '(밑으로부터) 서 있다'는 뜻인 카시스테미(καθίστημι)에서 파생된 말이 합쳐진 단어다. 아카타스타토스는 '(기초가 없어) 흔들리지 않도록 서 있지 못한'이라는 의미다. Gerhard Kittel, Gerhard Friedrich, Geoffrey William Bromiley, *Theological Dictionary of the New Testament: Abridged in One Volume* (Grand Rapids: Eerdmans, 1985), 387.

변한 것이 없습니다. 조급한 마음에 낙심합니다. 믿음의 은혜는 약해지고 시험의 물결은 드높아집니다. 두려워 놀랍니다. 마치 풍랑 이는 물결을 보고 호수에 빠진 베드로처럼 말입니다(마 14:29-31).[39]

마음이 바르게 정해지는 것은 은혜의 결과입니다. 말씀의 영향력 아래서만 마음은 확정됩니다. 그래야 마음에 뿌려진 말씀의 씨앗이 결실하기까지 자랍니다. 그때까지 인내로 말씀을 붙들고 살아야 합니다(눅 8:15). 그 일을 위해 마음을 확정하십시오.

## 마음을 확정하라

믿음이 약한 사람들은 마음을 지키지 못합니다. 말씀을 끝까지 붙들지 못하니, 결국 마음은 또다시 물결칩니다. 그러나 큰 시험 가운데 있던 시인은 이렇게 노래합니다.

> 하나님이여 내 마음이 확정되었고 내 마음이 확정되었사오니 내가 노래하고 내가 찬송하리이다(시 57:7).

어떤 물건을 흔들리지 않게 하려면, 어딘가에 묶어 두든지 못을 박아 고정하든지 해야 합니다. 그러면 마음은 무엇으로 고정시킬까요? 바로 믿음입니다. 마음을 약속의 말씀에 묶어 두는 것입니다.

시인은 하나님의 약속의 판자 위에 은혜를 망치 삼아 믿음의 못을 박았

---

[39] "……베드로가 배에서 내려 물 위로 걸어서 예수께로 가되 바람을 보고 무서워 빠져 가는지라 소리 질러 이르되 주여 나를 구원하소서 하니……믿음이 작은 자여 왜 의심하였느냐 하시고"(마 14:29-31).

습니다. 그의 마음은 고정되었습니다. 하나님의 선하심과 능력을 믿었습니다. 시련에서 건져주실 것을 확신했습니다. 그분을 의지하며 살기로 다짐했습니다. 그러자 그의 마음에서 찬양이 울려 퍼졌습니다.

온 세계를 하나님이 통치하십니다. 그러나 우리는 요동치는 인생의 바다를 지나갑니다. 현실은 슬픔과 기쁨, 고통과 아픔으로 출렁거리고, 마음은 그 파도에 흔들립니다.

우리에게는 소망의 닻이 필요합니다. 하나님의 선하심과 신실하심에 내릴 닻입니다.[40] 이 두 가지 사실에 믿음의 닻을 확실히 내려야 합니다. 이런 믿음은 환경에 굴복하지 않습니다.

시험에 빠진 사람은 누구나 고통스럽습니다. 하나님을 등지고 살아가는데 어찌 삶에 그늘이 없겠습니까? 하나님 사랑에서 멀어졌는데 어찌 평안하겠습니까? 그러나 하나님은 당신을 끝까지 붙드는 자들을 불쌍히 여기십니다. 그들을 도우십니다. 믿음으로 말씀을 붙들기에 건져 주십니다. 이 믿음이 시험을 이기게 합니다.

힘없이 현실에 떠밀리듯 살지 마십시오. 마음 흘러가는 대로 살지 마십시오. 당신은 하나님의 자녀입니다. 흔들리는 마음을 말씀에 붙잡아 매고, 정함이 없는 마음을 약속에 못 박으십시오. 반드시 시험을 이기게 될 것입니다.

---

[40] "이는 하나님이 거짓말을 하실 수 없는 이 두 가지 변하지 못할 사실로 말미암아 앞에 있는 소망을 얻으려고 피난처를 찾은 우리에게 큰 안위를 받게 하려 하심이라 우리가 이 소망을 가지고 있는 것은 영혼의 닻 같아서 튼튼하고 견고하여 휘장 안에 들어 가나니"(히 6:18-19).

## 맺는말

기독교는 우리의 겉모습만 바꾸는 종교가 아닙니다. 오히려 마음의 뿌리를 고치는 종교입니다. 뿌리를 고침으로써 줄기와 가지를 고치고, 새로운 열매를 맺게 하는 종교입니다.

한 사람의 인생의 뿌리는 무엇입니까? 행복한 삶을 살아가게 하는 근원이 어디서 옵니까? 헐떡이는 영혼의 갈망에 귀 기울여 보십시오.

영혼이 원하는 것은 은이나 금 같은 썩어질 것들이 아닙니다. 잠시 있다가 사라지는 명예나 권세가 아닙니다. 간절히 사모할 것은 하나님을 만나는 것입니다. 그분의 얼굴을 뵙는 것입니다. 그 믿음으로 그분께 나아가는 것입니다. 시인은 간구합니다.

> 여호와여 어느 때까지니이까 나를 영원히 잊으시나이까 주의 얼굴을 나에게서 어느 때까지 숨기시겠나이까(시 13:1).

시험을 이기고 싶습니까? 승리하는 삶을 살고 싶습니까? 두 마음을 품지 마십시오. 마음을 청결하게 하십시오. 마음을 확정하십시오. 모든 사람의 마음을 보시는 하나님 앞에서 사십시오(삼상 16:7).

**한눈에 보는 5장**

I. 두 마음

요동하는 것은 두 마음을 품었기 때문이다.
믿음으로 살지 않으면 마음이 나뉜다.
나뉜 마음은 하나님을 사랑하지 않는 것이다.

II. 두 마음의 특징 (1) 불결한 마음

첫째로, 두 마음은 불결한 마음이다(약 4:8).
하나님은 거룩하시기에 청결한 사람들과 교제하신다.
두 마음을 품은 사람은 주님과 교제할 수 없다.
하나님과의 교제 없이 어찌 시험을 이기겠는가.
마음을 청결케 하기 위해서는 다음이 필요하다.
첫째, 마음 안에 있던 죄를 몰아내야 한다.
둘째, 그리스도의 사랑을 마음에 채워야 한다.

III. 두 마음의 특징 (2) 정함이 없음

둘째로, 두 마음은 정함이 없는 마음이다.
자신을 단단히 고정시킬 토대가 없다.
하나님께 믿음의 닻을 내리지 않는다.
주님의 선하심과 신실하심에 믿음의 닻을 내리라.

IV. 마음을 새롭게 하라

기독교는 마음을 고치는 종교다.
마음을 청결케 하라. 확정하라.
이것이 시험의 때에 힘써야 할 것이다.

## 제6장

# 나뉜 마음의 원인을 알라

✦✧✦

낮은 형제는 (주께서) 자기를 높이심을 자랑하고, 부한 형제는 (주께서) 자기를 낮추심을 자랑하게 하라. 왜냐하면 그가 풀의 꽃같이 사라져 버리기 때문이다.……

Καυχάσθω δὲ ὁ ἀδελφὸς ὁ ταπεινὸς ἐν τῷ ὕψει αὐτοῦ, ὁ δὲ πλούσιος ἐν τῇ ταπεινώσει αὐτοῦ, ὅτι ὡς ἄνθος χόρτου παρελεύσεται.……

**야고보서 1장 9-11절, KNJ 私譯**

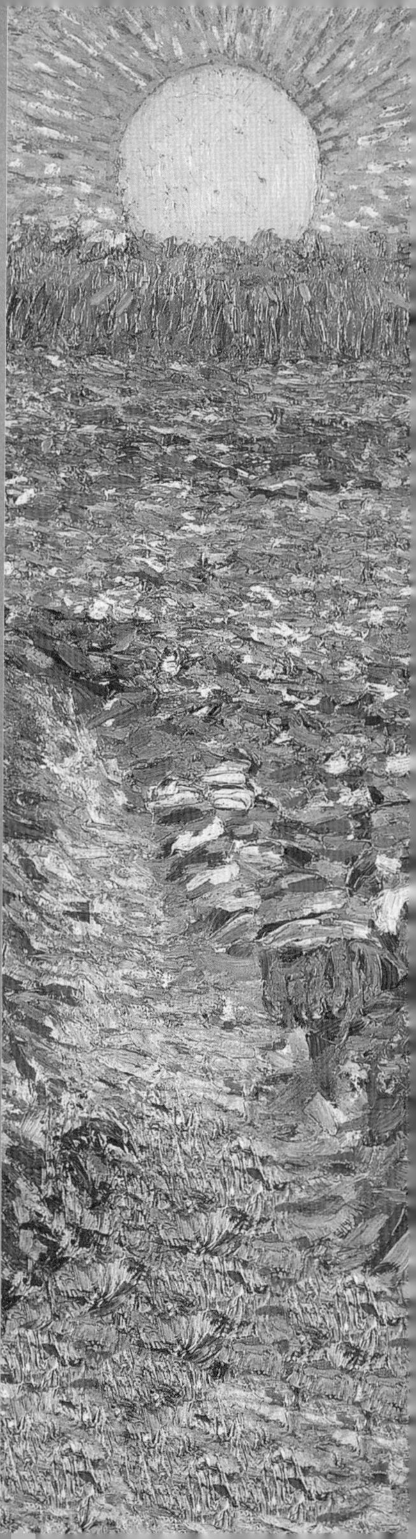

"허, 참 별일이네."

드문 광경이었습니다. 보도블록이 여기저기 금이 가거나 뒤집혀 있었습니다. 인도와 차도를 구분하는 경계석도 이리저리 밀려 있었습니다. 경계석 한 개만 해도 혼자서는 들 수 없을 정도로 무겁습니다. 큰 차의 바퀴가 부딪쳐도 쉽게 이탈하지 않습니다. 무슨 일일까요?

알고 보니, 가로수가 자라나 뿌리가 지표면에 이르기까지 굵어지면서 일어난 일이었습니다.

시험을 만나 욕망이 커지면 마음은 나쁩니다. 그것이 삶의 균열을 가져옵니다. 사랑의 질서가 깨졌기 때문입니다.

사랑하는 것들을 잃어버리면 품었던 사랑의 크기만큼 고통스럽습니다. 그러나 믿음으로 시험을 이긴다면 기쁨을 맛볼 것입니다(고후 8:2). 세상의 헛됨을 깨닫고 하나님만 소망하게 될 것입니다. 믿음으로 이겨낼 때 시험은 유익합니다.

## 두 마음을 품는 원인

시험을 당할 때 후히 주시는 하나님께 지혜(智慧)를 간구하라고 합니다. "오직 믿음으로 구하고 조금도 의심하지 말라……"(약 1:6). 두 마음을 품지 말고 믿음으로 간구하라고 말합니다. 그런데 다음 본문은 앞 문장과 연결되지 않는 것 같습니다.

> 낮은 형제는 자기의 높음을 자랑하고 부한 자는 자기의 낮아짐을 자랑할 지니 이는 그가 풀의 꽃과 같이 지나감이라(약 1:9-10).

마치 앞뒤 구절을 비집고 삽입된 것 같아 보입니다. 시험과 상관없는 이야기 같지 않습니까? 그러나 이 구절은 사람의 마음이 둘로 나뉘는 이유를 말해 줍니다.

여기서 "낮은 형제"는 당시 가난한 사람들을 가리킵니다. 그리고 "부한 자"는 부유한 자들을 가리킵니다. 이런 구분은 당시 교회 안에서 가난한 사람이 차별받고 있었음을 보여줍니다.

오순절 성령강림 사건이 있었습니다. 이때 믿는 자들은 한 형제가 되었습니다. 신분과 지위, 재산과 문벌을 뛰어넘어 하나가 되었습니다(행 4:32). 세월이 흐르고, 부흥의 불길은 사위었습니다. 그러자 교회 안에까지 세속주의가 들어오기 시작했습니다.

부유한 사람들은 대접을 받았습니다. 반면에 가난한 사람들은 홀대를 당했습니다(약 2:3-4). 부지의 재물은 교회 지도자들의 미음에까지 위력을 발휘했습니다. 이것은 복음의 정신에 위배되는 것입니다.

가난한 형제들은 차별 대우받는 것 때문에 마음이 나뉘었고, 부유한 사람들은 특별 대우받는 것 때문에 마음이 갈라졌습니다. 그 뿌리는 재물 사랑이었습니다.

왜 신자가 두 마음을 품습니까? 세상을 사랑하기 때문입니다. 자기 사랑은 곧 세상 사랑으로 나타납니다. 이것은 재물(財物)에 대한 집착으로 이어지게 됩니다.

세상에 있는 것들은 대부분 재물로 얻을 수 있습니다. 그래서 재물은 신(神)이 되기 쉬우니, 하나님의 자리를 대신합니다. 왜 사람들이 하나님 대신 재물을 섬길까요? 재물이 육신에 만족을 주기 때문입니다.

하나님을 섬기는 일은 어렵습니다. 우리의 전 존재로 경배해야 하기 때문입니다(수 24:19). 이에 비해 이방신을 섬기는 것은 쉽습니다. 이방신은 사람의 겉모양만 보기 때문입니다. 헌제자(獻祭者)의 도덕생활에 상관하지 않습니다. 바치는 제물만을 중시합니다. 엄밀히 말해 그것은 뇌물입니다.

이스라엘 백성은 하나님보다 이방신을 섬기기 원했습니다. 제사와 생활을 분리시킬 수 있었기 때문입니다. 자기 뜻대로 살려면 이방신을 섬기는 것이 더 쉬웠기 때문입니다.

많은 사람들이 재물을 사랑합니다. 원하는 것을 하나님으로부터 어렵게 받기보다는 재물을 통해 손쉽게 얻기 원합니다. 그러나 이렇게 살아갈 때 마음은 둘로 나뉩니다. 왜 그럴까요? 그것은 재물의 성격과 관련이 있습니다.

> ……부한 자들을 명하여 마음을 높이지 말고 정함이 없는 재물에 소망을 두지 말고……(딤전 6:17).

재물은 정(定)함이 없습니다. 왔는가 하면 떠나가는 것이 재물입니다. 정처 없는 재물을 바라보며 정함 없이 사는데, 어찌 마음이 확정될 수 있겠습니까?

## 낮은 자는 높이신다

야고보는 재물을 섬겨 마음이 요동하는 자들에게 말합니다. 부자라서 교만해진 자들과 가난해서 낙심한 자들을 함께 일깨웁니다. 먼저, 낮은 형제들에게 권면합니다.

> 낮은 형제는 자기의 높음을 자랑하고(약 1:9).

여기서 주목할 단어는 "형제"입니다. 야고보서에서 여러 번 사용되었는데(약 1:19, 2:1, 5, 14 등), 편지의 수신자들이 빈부와 상관없이 그리스도 안에서 한 형제임을 기억하기를 바랐기 때문입니다.

신자는 그리스도 안에서 한 가족입니다. 하나님의 사랑으로 서로 돌보아야 합니다. 가족은 부유함의 정도로 상하로 나뉘는 관계가 아니지 않습니까? 세상은 지위의 높낮이와 재산의 정도에 따라 차별 대우하지만, 교회는 그래서는 안 됩니다(약 2:1). 서로를 존귀하게 여겨야 합니다. 소유한 재물이 아니라 그들 안에 있는 하나님의 형상 때문에 그리해야 합니다.

야고보는 "낮은 형제"에게 자신의 "높음"을 자랑하라고 말합니다.[41] 이것은 영적이고 신앙적인 높음입니다. 그리스도인의 자존감은 세속적인 성공에서 나오지 않습니다. 오히려 하나님의 사랑을 받는 데서 나옵니다. 신자의 자존감은 자신이 사랑받고 있음을 아는 데서 나옵니다.

"아버지께서 어떠한 사랑을 우리에게 베푸사 하나님의 자녀라 일컬음을 받게 하셨는가……"(요일 3:1).

이들은 하늘 가치관을 지닌 사람들입니다. 세상에서 재물이 부족해도 기죽지 않습니다. 영적인 담대함과 인격적 꿋꿋함이 있습니다. 하나님께 사랑받고 있기 때문입니다. 그래서 자신이 얼마나 존귀한 존재인지 알기 때문입니다.

이것이 야고보가 하고 싶었던 말입니다. 영적인 시각에서 자신을 보라는 것입니다. 자신이 신앙적으로는 높은 자이며, 하나님의 사랑을 받는 자임을 잊지 말라고 말입니다.

하나님 사랑을 어디서 확인합니까? 겨우 늘어나는 재물에서입니까? 기껏해야 융숭해진 대접에서입니까? 아닙니다. 더 분명하게 확인하는 방법

---

41) "높음"에 해당하는 헬라어 휘프소스(ὕψος)는 '높음, 존엄성, 위엄' 등의 뜻을 가지고 있다. 여기서 높음은 결코 세속적인 의미가 아니다. 그리스도 때문에 현재적으로 누리고 있고(눅 6:20), 미래적으로 맞이하게 될 신자의 복된 상태를 포함하는 것이다. Ralph P. Martin, *James*, in *Word Biblical Commentary*, vol. 48 (Waco: Word Books, 1988), 25를 참고할 것.

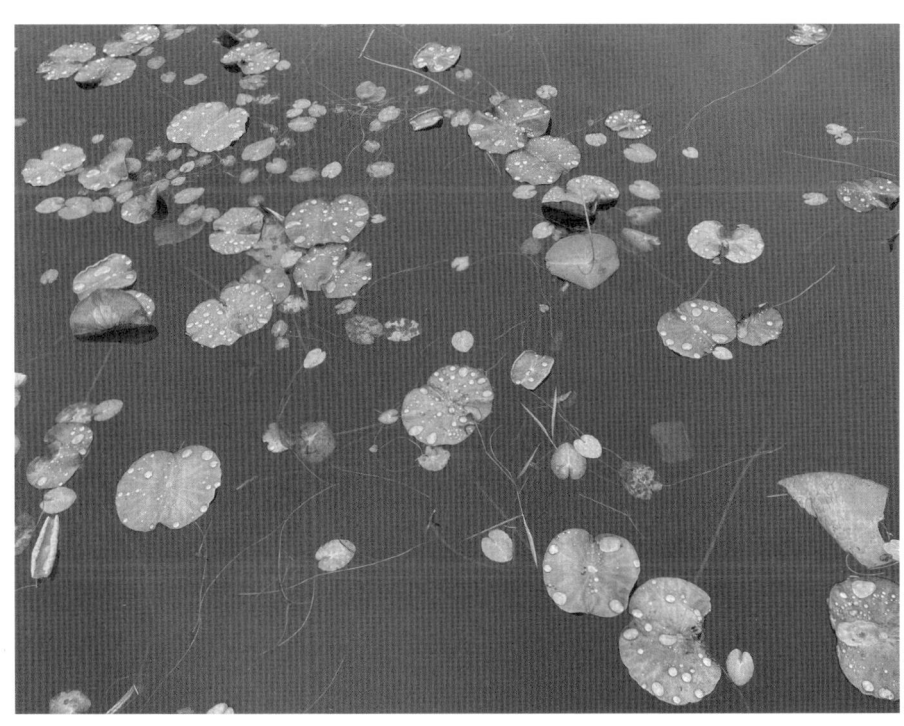

이 있습니다. 높으신 하나님께 사랑받고 있음을 생각하는 것입니다. 하나님 없이 살 때 자신이 얼마나 비참했는지 되돌아보고 감사하는 것입니다.

"무신론자로 사는 게 얼마나 힘든지 몰라서 그래⋯⋯."
회심한 지 얼마 되지 않았을 때입니다. 믿음으로 살기가 힘들다고 불평하는 교인들을 만날 때마다 이렇게 혼잣말을 하고는 했습니다.
저는 어려서부터 교회에 다녔습니다. 그러나 15세가 되던 해에 무신론자가 되기로 결심했습니다.[42] 무신론을 주장하는 문학가들과 철학자들의 가르침을 따랐습니다. 그들의 거짓 가르침에 회의를 느끼기 전까지는 신 없이 자유롭게 사는 것이 그렇게 힘든지 몰랐습니다.
아무것도 하기 싫은 사람은 종교도 선택할 수 없습니다. 그 선택도 해야 하는 것이기 때문입니다.
하나님과 자신에 대해 배우십시오. 시험에 대해 알고자 하십시오. 십자가의 은혜가 얼마나 큰지를 생각하십시오. 그리스도인의 자존감은 은혜를 아는 데서 옵니다. 용서하시는 하나님의 은혜가 얼마나 큰지 아는 데서 옵니다. 십자가를 아는 만큼 자신의 존귀함을 깨닫습니다.

### 받은 은혜를 세어보라

물질 때문에 흔들리는 신자들을 보십시오. 그전에 마음이 먼저 하나님 사랑에서 멀어졌습니다. 구원의 감격이 사라지면 신자의 마음도 세상 사

---

[42] 김남준, 「아무도 사랑하고 싶지 않던 밤」(파주: 김영사, 2020), 17-21을 참고할 것.

람과 별반 다르지 않습니다. 마음으로 멀어진 하나님보다는 손에 가까운 재물을 의지하게 됩니다.

하나님께로 다시 돌아온 때를 기억해 보십시오. 그때 마음을 가득 채운 것이 무엇이었습니까? 세상이 아니었습니다. 하나님의 은혜였습니다.

이전에는 자신이 쓸모없는 자인 줄 알았습니다. 그렇지 않았다면 예수를 믿지 않았을 것입니다. 그러나 이제는 얼마나 존귀한 자인지를 알게 되었습니다. 만약 그렇지 않다면 예수를 믿은 것이 아닙니다. 그때 나를 얼마나 높이셨는지 깨닫게 되었습니다(롬 8:32). 세상도 없고 나도 없고 오직 구속한 주만 보였습니다.

하나님의 크심을 생각하십시오. 세상의 하찮음을 자주 묵상하십시오. 자신의 높음을 깊이 생각하십시오. 이것이 시험의 때에 흔들리지 않는 비결입니다.

야고보는 가난한 자들이 교회에서 무시당하는 현실을 보았습니다. 그러나 무시하는 사람들을 꾸짖지 않았습니다. 또한 부유한 자들에게서 재물을 빼앗아 가난한 자들에게 주는 방식으로 문제를 해결하지도 않았습니다. 오히려 먼저 가난한 자들에게 따뜻이 권면했습니다. 그들이 영적으로 얼마나 부유한지를 알게 해주었습니다. 하나님이 그들을 높이셨음을 생각하도록 타일렀습니다.

신자는 기억하는 사람입니다. 큰 죄에서 건짐 받은 사랑을 기억하는 사람입니다(딤전 1:15). 자신이 죄인인 것과 하나님의 사랑을 잊지 못하는 사람입니다. 하나님께서 그런 우리를 구원하셔서 성도(聖徒)라 부르십니다. 지체들과 한 몸을 이루게 하십니다. 얼마나 과분한 사랑입니까? 우리가 얼마나 높은 자들입니까?

  시험을 만날 때 기억하십시오. 당신은 하나님 앞에 존귀한 자입니다(사 43:4). 엄숙하도록 존귀한 자이니, 하나님이 높이신 자입니다. 비록 세상에서는 가진 것이 적으나 그의 소유가 된 백성입니다(벧전 2:9). 시험 속에서 이 믿음을 놓치지 마십시오.


## 부유한 자들에게

  다음으로, 부유한 자들에게 말합니다. 잘못된 사랑을 버리고 참된 사랑을 택하라고 타이릅니다. 그들이 참으로 자랑해야 할 것은 이것입니다.

    부한 자는 자기의 낮아짐을 자랑할지니……(약 1:10).

  세상의 부(富)는 그것을 소유한 사람들을 높여 줍니다. 그러나 부자들의 면류관은 세상에서 높아지는 것이 아닙니다. 오히려 부는 하나님을 섬기라고 우리에게 맡기신 사명의 표시입니다.

  "둥둥, 슈우웅~"
  하늘에서 세 천사가 구름을 타고 내려옵니다. 하나님의 부름을 받고 세상에서 자기 사명을 수행하고자 오는 것입니다.
  한 천사는 품에 왕의 지휘봉을 품고 내려옵니다. 한 나라의 임금 노릇을 하라고 하셨답니다. 또 한 천사는 주판을 가슴에 품고 내려옵니다. 사업을 해서 돈을 많이 벌어 섬기라고 하셨다는군요. 마지막 천사는 좀 이

상한 물건을 들고 내려옵니다. 다 망가진 철모 같은 것에 긴 장대를 매달았습니다. 그걸로 변소를 청결케 하라고 하셨답니다.

아주 오래전 경건서적에서 읽은 내용인데, 이 이야기 끝에 저자의 질문이 인상적이었습니다. "구름 타고 세상으로 내려오는 세 천사의 마음이 서로 달랐을까요?"[43]

남보다 부유하게 되었다면 거기엔 하나님의 뜻이 있습니다. 교회에서 대접받으라고 그리하신 것이 아닙니다. 그 재물로 이웃을 섬기라고 주신 것입니다. 그러니 그에게는 가난한 자를 차별 대우할 권리가 없습니다.

성도의 영광은 재물이나 명예에 있지 않습니다. 하나님을 경외함에 있습니다. 사랑 때문에 낮아지고 은혜 때문에 겸손해져서 다른 사람들을 섬기는 데 있습니다.

늘어나는 재물에 마음을 빼앗기지 마십시오. 높아지는 지위에 마음을 두지 마십시오. 그것은 성도의 면류관을 벗는 것입니다. 겸손히 지체들을 섬기십시오. 예수께서 친히 제자들의 발을 씻기심으로 모본을 보이지 않으셨습니까?(요 13:14)

당시 이스라엘 사람들은 샌들 같은 신발을 신고 다녔습니다. 그래서 모래와 흙먼지로 발이 쉽게 더럽혀졌습니다. 외출하고 돌아와서는 발을 씻어야 했습니다. 손님이 자기 집을 방문했을 때 발 씻을 물을 내놓는 것은 환대의 표시였습니다(눅 7:44).[44]

---

[43] 이 이야기는 이 엠 바운즈의 예화를 기초로 하고 있다. E. M. Bounds, *Essentials of Prayer* (New Kensington: Whitaker House, 1994), 17.

[44] 손님의 발을 씻기는 행위에 대한 함의는 시대에 따라 다르다. 구약의 족장시대에는 규정된 환대행위였으나, 유대 문헌에는 이를 입증하는 근거가 발견되지 않는다. 따라서 시몬이 예수님의 발을 씻겨드

종을 부리는 집에서, 발 씻기는 일은 대개 종들이 담당하는 것이 관습이었습니다. 예수께서 제자들의 발을 씻기려 하실 때 그들이 말린 것도 이 때문이었습니다. 그럼에도 불구하고 예수께서는 그 일을 행하셨습니다. 그리고 그 의미를 알려주셨습니다. 바로 서로 섬기는 종이 되라는 것입니다. "내가 주와 또는 선생이 되어 너희 발을 씻었으니 너희도 서로 발을 씻어 주는 것이 옳으니라"(요 13:14).

인간에게는 남보다 높아지려는 본성이 있습니다. 심지어 하나님보다 높아지려고 합니다. 그렇지 않다면, 인류의 첫 조상이 "하나님과 같이" 되리라는 사탄의 유혹에 굴복했겠습니까?(창 3:5)

이런 본성을 거슬러 다른 이들을 섬긴다면, 그에게는 그리스도의 마음이 있는 것입니다. 죽기까지 낮아지신 그리스도의 마음입니다(빌 2:6-8). 그리스도의 마음을 품은 사람이 얼마나 존귀합니까? 사람의 고귀함을 어찌 재물의 소유로 따질 수 있겠습니까?

## 재물의 유한함을 생각하라

부유한 자들은 왜 낮아짐을 자랑해야 할까요? 왜 재물 때문에 우월감을 갖지 말아야 할까요? 이유는 간단합니다. 재물은 풀의 꽃과 같이 사라

---

릴 물을 준비하지 않은 것은 당시 율법에 어긋난 행위거나, 주인의 의무를 저버린 것은 아니었다. 그러나 예수님께 대한 애정과 존경심의 결여를 드러낸다. 당시 이 일은 노예에게 주어진 역할이었다. George R. Beasley-Murray, *John*, in *Word Biblical Commentary*, vol. 36 (Waco: Word Books, 1987), 235-236; I. Howard Marshall, *The Gospel of Luke: A Commentary on the Greek Text*, in *The New International Greek Testament Commentary* (Grand Rapids: Eerdmans, 1978), 311-312; Robert H. Stein, *Luke*, in *The New American Commentary*, vol. 24 (Nashville: Broadman Press, 1992), 237을 참고할 것.

질 것이기 때문입니다. 그리고 자신도 사라질 것이기 때문입니다.

> ……이는 그가 풀의 꽃과 같이 지나감이라 해가 돋고 뜨거운 바람이 불어 풀을 말리면 꽃이 떨어져 그 모양의 아름다움이 없어지나니 부한 자도 그 행하는 일에 이와 같이 쇠잔하리라(약 1:10-11).

봄에 돋기 시작한 풀들은 여름이 되면 무성해집니다. 한여름 풀 한 무더기를 낫으로 베어 논둑에 두어 보십시오. 뜨거운 햇빛 아래에서 풀들은 사흘이 되기 전에 검불이 되어 날아가 버립니다(시 37:2, 83:13).

세상의 영화(榮華)도 이와 같습니다. 이 세상에서 누리는 것들은 영원하지 않습니다. 그것을 사랑하는 자신도 또한 사라질 것입니다.[45] 교회는 세상과는 다른 가치관으로 사는 공동체임을 보여주어야 합니다. 세상에서 소중한 것들이 교회에서는 하찮으며, 세상에서는 하찮은 가치가 교회에서는 소중하다는 것을 보여주어야 합니다(빌 3:8). 이로써 세상은 교회가 다른 세계관을 가진 공동체임을 알게 될 것입니다.[46]

이 일을 가능하게 하는 것은 교회의 규모가 아닙니다. 이는 교회의 순수성에 달렸습니다. 사랑의 순수성(純粹性)입니다. 만약 세상에서의 성공을 꿈꾼다면 그리스도의 제자가 아닙니다. 대접만 받고자 한다면 그리스도의 종이 아닙니다.

---

[45] "……모든 육체는 풀이요 그의 모든 아름다움은 들의 꽃과 같으니 풀은 마르고 꽃이 시듦은 여호와의 기운이 그 위에 붊이라 이 백성은 실로 풀이로다 풀은 마르고 꽃은 시드나 우리 하나님의 말씀은 영원히 서리라 하라"(사 40:6-8).
[46] 이것이 어두운 세상에 빛나는 교회를 두신 이유이니, 하나님께 영광을 돌리는 것이다(마 5:16, 롬 4:20). 김남준, 「그리스도인이 빛으로 산다는 것」 (서울: 생명의말씀사, 2012), 244-250.

영원(永遠)의 관점에서 인생을 바라보십시오. 신자는 영원하신 하나님을 만난 사람입니다. 십자가 사랑에 붙잡힌 사람입니다. 어찌 그가 영원을 생각하지 않고 살아갈 수 있겠습니까?

전심으로 기도하십시오. 보이는 사람보다 보이지 않는 하나님이 더 크게 보일 것입니다. 하나님을 뵙는 자는 이미 그분의 사랑을 받았습니다. 영원하신 그분을 알게 하는 것이 사랑이기 때문입니다(요 14:21).

하나님의 말씀은 진리입니다(요 17:17). 우리는 시간 속에 살고 있으나 영원의 빛이 들어옵니다. 진리는 사랑을 주고 사랑은 영원을 알게 하니, 진리는 사랑스러운 영원이기 때문입니다.[47] 매일 세상에 대한 욕심을 버려야 신자입니다.

주 달려 죽은 십자가 우리가 생각할 때에

세상에 속한 욕심을 헛된 줄 알고 버리네.[48]

## 맺는말

잠시 머물 세상에 대한 애착을 버리십시오. 자신도 사라질 존재임을 기억하십시오. 두 마음을 품지 마십시오. 정함이 없는 마음은 가녀린 깃털과 같으니, 실낱같은 현실의 바람에도 크게 나부낍니다. 시험 당할 때 하나님을 향해 살 수 없습니다.

---

47) 김남준, 『아무도 사랑하고 싶지 않던 밤』 (파주: 김영사, 2020), 82.
48) Isaac Watts, Gregorian Melody, arr. Lowell Mason, "When I Survey the Wondrous Cross"(새찬송가 149장 "주 달려 죽은 십자가") 중에서.

세상 모든 것은 하나님의 것입니다. 우리는 그것을 잠시 맡았을 뿐입니다. 재물은 섬기라고 맡기신 것이니, 자기의 것으로 여기지 마십시오. 좋은 청지기로서 교회와 이웃들에게 흘려보내십시오. 많은 물질이 있어도 그것 때문에 사는 것처럼 여기지 마십시오. 하나님의 사랑으로 산다고 고백하십시오.

가진 것이 적어도 낙심하지 마십시오. 자족하는 마음을 배우십시오(딤전 6:6). 가난하다고 기죽지 말고 거룩한 자존감을 가지십시오. 사람의 생명이 소유의 넉넉함에 있지 않습니다(눅 12:15). 당신은 하나님께 사랑받는 존재입니다. 하나님 앞에 얼마나 존귀한 존재인지를 기억하십시오.

아무것도 염려하지 마십시오. 필요한 것들을 감사한 마음으로 주님께 구하십시오(빌 4:6). 모든 것을 아시는 아버지께서 가장 좋은 것을 주실 것입니다(마 7:11).

시험의 때에 두 마음을 품지 마십시오. 가슴에 두 손을 얹고, 오직 은혜로 산다고 고백하십시오. 온전한 마음으로 시험을 이기십시오.

**한눈에 보는 6장**

I. 두 마음을 품는 원인

  세상을 사랑하면 물질에 집착하게 된다.
  물질을 통해 원하는 것들을 얻으려는 것이다.
  그러면 마음은 나뉘게 된다. 환경에 흔들리게 된다.

II. 가난한 자들에게

  가난한 자들에게 권면한다. "자기의 높음을 자랑하라."
  본래 우리는 죄 아래 비참하게 살던 사람들이었다.
  하나님의 자녀가 되었다. 이 은혜가 얼마나 놀라운가.
  그리스도인의 자존심은 사랑받고 있음을 아는 데서 나온다.
  영적인 시각에서 자신을 보라. 하늘 가치관으로 살라.

III. 부유한 자들에게

  부유한 자들에게 권면한다. "자기의 낮아짐을 자랑하라."
  은혜 받은 자는 하나님과 사람 앞에서 낮아져야 한다.
  그리스도께서는 낮아지심에 모본을 보이셨다.
  낮아진 자에게는 예수의 마음이 있다. 그러니 얼마나 귀한가.
  세상의 영화는 풀의 꽃과 같다. 한순간에 사라진다.
  영원한 것들을 사랑하라. 그것들을 구하라.

IV. 하나님을 의지하라

  재물에 대한 사랑은 두 마음을 품게 한다.
  세상에 대한 애착을 버리라. 하나님만 의지하라.
  나뉘는 마음으로는 시험을 이길 수 없다.

제2부

# 시험을 이기는 믿음

제7장  시험을 참는 자의 행복
제8장  시험하지 않으시는 하나님
제9장  시험과 욕심
제10장  유혹과 죄의 계획
제11장  불변하는 하나님의 선(善)
제12장  우리를 낳으신 하나님

여우는 같은 덫에 두 번 걸리지 않지만 사람은 걸립니다.
한 번 걸린 덫은 쉽게 놓아주지 않습니다.
시간이 저절로 해결해 주는 덫은 없습니다.
유혹은 정신적인 덫이기에,
걸리면 그 사람의 내면에 흔적을 남깁니다.
마음에 큰 영향력을 행사하여 잘못된 삶을 살게 합니다.

# 제7장

## 시험을 참는 자의 행복

✦✦✦

시험을 참는 사람은 복이 있으니, 왜냐하면 시련을 견디어 낸 자가 주께서 자기를 사랑하는 자들에게 약속하신 생명의 면류관을 받을 것이기 때문이다.

Μακάριος ἀνὴρ ὃς ὑπομένει πειρασμόν, ὅτι δόκιμος γενόμενος λήμψεται τὸν στέφανον τῆς ζωῆς ὃν ἐπηγγείλατο τοῖς ἀγαπῶσιν αὐτόν.

야고보서 1장 12절, KNJ 私譯

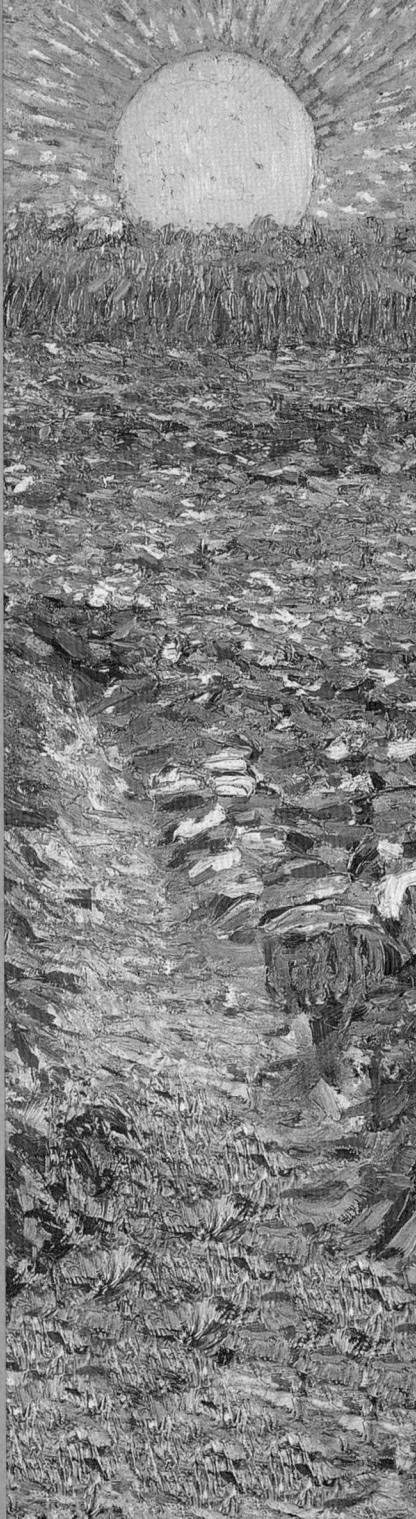

무엇을 배우는 것도 좋아서 하는 일입니다. 소비도 만족을 느끼려고 하는 일입니다. 누군가와 관계를 맺는 것도 행복(幸福)하기 위해서입니다.

신자가 시험 속에서 죄에 빠지는 것도 그렇습니다. 그것이 자기를 행복하게 할 것이라 여기기에 그렇게 합니다. 인간의 불행은 참된 행복과 거짓 행복을 혼동함으로 시작됩니다. 그것은 무지(無知)에서 비롯됩니다. 욕망 때문에 속는 것입니다.

불행한 사람은 불행하고 싶어서 불행해진 것이 아닙니다. 행복해지려고 애쓰다가 불행에 이르게 된 것입니다. 그릇된 행복을 바라면 불행하게 되니, 먼저 복이 무엇인지부터 알아야 합니다.

### 시험을 만날 때, 참으라

하나님은 인간을 창조하자마자 복을 주셨습니다(창 1:28). 이스라엘 역사는 하나님이 아브람을 불러 복의 근원이 되게 하심으로 시작되었습니다(창 12:2). 시편은 복이 있는 사람이 누구인지 논하며 시작합니다(시 1:1). 예수 그리스도의 산상수훈도 복에 대한 선언으로 문을 엽니다(마 5:1-12). 인류 구속의 대드라마는 복에 관한 선언으로 끝납니다(계 22:14).

이처럼 복(福)은 성경에서의 주요 관심사입니다. 복이 무엇인지는 신학적으로, 철학적으로 매우 긴 논의를 요하는 주제입니다. 성경이 말하는 복은 크게 두 가지로 구분됩니다.[49]

첫째로, 섭리적인 복(providential blessing)입니다. 이것은 일반적인 복입니다. 하나님께 간접적으로 받는 복입니다. 사물들의 질서를 움직이심으로써 주시는 복입니다. 물질, 건강, 재능, 관계의 복 등이 여기에 속합니다.

---

[49] 구약성경에서 말하는 복은 크게 두 가지로 나눌 수 있다. 베라카(בְּרָכָה)와 에쉐르(אֶשֶׁר)이다. 베라카는 물질적인 유익을 얻는 기쁨에서부터 정신적인 즐거움에 이르기까지 넓은 의미의 복을 가리키는 반면 에쉐르는 영적인 복을 뜻한다. 하나님과의 언약관계 안에서만 누리는 신령한 복을 가리킨다. 김남준, 『내 인생의 목적 하나님』 (서울: 생명의말씀사, 2016), 152; Victor P. Hamilton, "אֶשֶׁר" in *Theological Wordbook of the Old Testament*, eds. R. Laird Harris, Gleason L. Archer Jr., Bruce K. Waltke (Chicago: Moody Press, 1980), 80을 참고할 것.

둘째로, 영적인 복(spiritual blessing)입니다. 이것은 특별한 복입니다. 하나님께 직접적으로 받는 복입니다. 그분이 영혼을 직접 어루만짐으로써 주시는 복입니다. 영혼에 참된 만족을 주는 신령한 복입니다(시 107:9).

섭리적 복 없이는 육체가 생존할 수 없고, 영적인 복 없이는 영혼이 살 수 없습니다. 그런데 전자만 있고 후자는 없을 수도 있습니다. 이는 고기를 먹고 싶다고 음식에 탐욕을 부리던 이스라엘 백성에게 주신 말씀에 잘 나타납니다.

> 그러므로 여호와께서는 그들이 요구한 것을 그들에게 주셨을지라도 그들의 영혼은 쇠약하게 하셨도다(시 106:15).

그들의 육체는 섭리적인 복을 받아 배불렀으나, 영혼은 영적인 복을 받지 못해 파리하게 되었습니다. 그런데 이 영적인 복이 누구에게 주어집니까? 시험을 참는 자에게 주어진다고 말합니다.

> 시험을 참는 자는 복이 있나니……(약 1:12).

시련을 당할 때, 마음과 육체에는 엄청난 에너지가 소모됩니다. 따라서 거기서 벗어나고 싶어 합니다. 그런데 성경은 참으라고 합니다. 참는 사람이 복이 있다고 말합니다.

여기서 '참는다'는 것은 그냥 기다리는 것이 아닙니다. 시험의 의미를 알고 승리할 길을 찾으면서 견디는 것입니다. 믿음을 지킬 결심으로 참는 것입니다. 이전에 참았던 한계를 넘어서기까지 인내하는 것입니다.

왜 참으라고 하실까요? 왜 당장 건져 주지 않으시는 걸까요? 시련을 당한 것도 고통스러운데 왜 견디라고 하실까요? 왜 참는 자에게 복이 있다고 하시는 걸까요? 그것은 믿음으로 참는 과정을 통해 거룩해지기 때문입니다(고전 7:14).

성도는 말씀과 기도로 거룩해집니다(딤전 4:5). 말씀의 은혜를 받을 때 성령 안에서 기도할 수 있습니다(엡 6:18). 하나님은 응답하시고 영혼에 힘을 주십니다. 이전보다 더욱 강하게 하십니다.

> 내가 간구하는 날에 주께서 응답하시고 내 영혼에 힘을 주어 나를 강하게 하셨나이다(시 138:3).[50]

평온할 때 열렬히 기도하는 사람은 많지 않습니다(눅 18:8). 평탄하게 살면서 진리의 칼날 앞에 자신을 세우는 사람은 흔치 않습니다. 그것은 고도의 영적생활입니다. 그래서 하나님은 시련을 만나게 하셔서 우리가 깨어지게 하십니다. 고통 속에서 온전해지길 바라게 하십니다. 말씀과 기도로 나아가게 하십니다.

고통은 "몸이나 마음의 아픔 또는 괴로움"입니다.[51] 인간은 행복한 상태에 머물기 원합니다. 누가 고통을 좋아하겠습니까? 누가 오래도록 괴

---

[50] 이 구절을 히브리어 원문에서 직역하면 다음과 같다. "내가 부르짖을 때마다 주님은 내게 응답하셨고 힘으로써 나의 영혼 안에서 나를 강하게 하셨나이다"(בְּיוֹם קָרָאתִי וַתַּעֲנֵנִי תַּרְהִבֵנִי בְנַפְשִׁי עֹז). 여기서 히브리어 "날 안에서"(베욤, בְּיוֹם)는 "~때마다"라는 뜻으로 해석될 수 있다. Nancy deClaissé-Walford, "Psalm 138: Because of Your Hesed and Your Faithfulness," in *The Books of Psalms*, in *The New International Commentary on the Old Testament* (Grand Rapids: Eerdmans, 2014), 960.

[51] 고려대학교 민족문화연구원 국어사전편찬실 편, 『고려대 한국어대사전(ㄱ-ㅁ)』 (서울: 고려대학교 민족문화연구원, 2011), 490.

로움 당하기를 원하겠습니까? 슬픔보다는 기쁨이 좋고, 괴로움보다 편안함이 좋습니다. 그러나 하나님은 시험의 고통을 통해 우리를 온전하게 하십니다.

"와, 이거 굉장하구나!"

한 유적지의 조각상을 보고, 사람들이 감탄합니다. 큐레이터가 설명합니다. "이 조각상은 기원전 3-4세기경의 것으로 추정됩니다. 그렇지만 이런 조각상은 거래상들 사이에서 싼값에 거래되지요."

그리스와 이탈리아에 가면 아주 오래된 조각상들이 있습니다. 석회질이 풍부한 대리석으로 조각된 것들입니다. 그곳에서 많이 나는 대리석은 성질이 물러서 바람에 날리는 옷깃과 심지어 나부끼는 머리카락까지도 조각할 수 있습니다.

그런데 그처럼 오래된 작품이 왜 그렇게 싼값에 거래될까요? 미완성이기 때문입니다. 무슨 이유인지 알 수 없으나, 그 석상은 조각되다가 말았습니다. 얼굴은 아름다운데 그 아랫부분은 그냥 갖다 놓은 돌덩어리입니다. 그래서 싸구려 작품이 된 것입니다.

하나님은 우리를 걸작품으로 만들고 싶어 하십니다. 치열한 시련을 겪게 해서라도 최고의 작품으로 만들기 원하십니다. 그래서 고난을 통해 연약한 믿음을 강하게 하십니다. 거친 인격을 곱게 하십니다. 나뉜 마음을 하나 되게 하십니다. 우리가 점점 더 "아들의 형상"을 본받게 하십니다(롬 8:29).[52] 어그러진 세상에서 하나님의 자녀답게 살게 하십니다.

---

[52] "하나님이 미리 아신 자들을 또한 그 아들의 형상을 본받게 하기 위하여 미리 정하셨으니 이는 그로 많은 형제 중에서 맏아들이 되게 하려 하심이니라"(롬 8:29).

충만한 은혜는 마음의 집중(集中)과 밀접한 관계가 있습니다. 금식기도의 유용성이 무엇인지 아십니까? 하나님을 향한 마음의 집중입니다. 금식할 때는 무엇을 기도해야 하는지 초점이 분명해야 합니다. 그렇지 않으면 그저 굶는 것일 뿐입니다.

"탕탕탕, 툭툭툭……."

모루 위에서 시뻘겋게 달아오른 쇳조각을 망치질하고 있습니다. 아무렇게나 생긴 쇳조각이 이리저리 펴집니다. 작은 쇳조각은 다시 풀무불 속으로 들어가 달궈집니다. 대장장이가 다시 꺼내 두드립니다. 여러 번 반복합니다. 아, 훌륭한 칼이 되었군요.

이제 그 칼을 연마기에 갈고 숫돌에 문지릅니다. 날을 벼리는 것입니다. 바른 금식은 이처럼 마음을 벼려서 오직 하나님께로 향하게 합니다. 육신의 욕망의 굴레를 벗어나게 합니다. 거기서 귀신을 쫓아내는 능력도 나타납니다.

……우리는 어찌하여 능히 그 귀신을 쫓아내지 못하였나이까 이르시되 기도 외에 다른 것으로는 이런 종류가 나갈 수 없느니라 하시니라(막 9:28-29).

여기서 "기도 외에"라고 되어 있는 본문이, 어떤 사본에는 "기도 그리고 금식 외에는"이라고 되어 있습니다.[53]

---

53) 초기 헬라어 사본들에는 '그리고 금식'(카이 네스테이아, καὶ νηστεία)이라는 말이 첨가되어 있는데, 이는 당시 교회에서 육체의 욕망을 끊는 금식이 경건에 있어서 가장 유용하다고 인정받았음을 보여

귀신들의 세계에도 차이가 있습니다. 어떤 귀신은 다른 것들보다 더 힘이 있고 악합니다. 그래서 제자들은 더 높은 기도의 세계를 갖기 위해 노력해야 했습니다.[54] 강한 종류의 귀신은 금식하기까지 드리는 특별한 기도로써만 쫓아낼 수 있었기 때문입니다.

여기서 말하는 것은 기도와 금식이라는 행위 자체가 아닙니다. 오히려 신자들의 영적 전투를 위해 준비된 특별한 차원의 기도를 의미합니다.[55]

시련은 하나님을 향한 고도의 집중을 가져다줍니다. 믿음으로 시련을 감당한다면 말입니다. 모든 것이 잘될 때에는 생각 없이 살기 쉽습니다. 그러나 시련을 통해 하나님과의 관계를 생각하게 됩니다. 자기 영혼의 상태에 눈뜨게 됩니다. 하나님의 마음을 전수받습니다. 신앙에서 미끄러진 비참함을 자각하게 됩니다. 그때 도와주실 분이 오직 하나님밖에 없음을 깨닫게 됩니다.

몸은 더 자고 싶지만, 마음은 누워 있을 수 없습니다. 그동안 안 나오던 새벽기도에도 나옵니다. 모두 잠자리에 드는 시간, 상한 마음을 안고 예배당으로 향합니다. 하나님의 뜻을 깨닫고 싶습니다. 성경 말씀을 생각합니다. 믿음이 없어 불안해하는 자신을 타이릅니다.

"내 영혼아 네가 어찌하여 낙심하며 어찌하여 내 속에서 불안해 하는가 너는 하나님께 소망을 두라……"(시 42:5).

---

준다. 그러나 이 구절은 기도에 있어서 하나님을 향한 믿음의 절대성을 강조하기 위한 것이다. James A. Brooks, *Mark*, in *The New American Commentary*, vol. 23 (Nashville: Broadman Press, 1991), 148.

54) William Hendriksen, *Exposition of the Gospel According to Mark*, in *New Testament Commentary*, vol. 10 (Grand Rapids: Baker Books, 2002), 351-352를 참고할 것.

55) R. T. France, *The Gospel of Mark: A Commentary on the Greek Text*, in *New International Greek Testament Commentary* (Grand Rapids: Eerdmans, 2002), 369-370을 참고할 것.

이 과정을 통해 마음에 변화가 일어납니다. 죄를 깨닫게 됩니다. 죄를 미워하는 마음이 생깁니다. 그러나 자신을 새롭게 할 힘이 없음을 발견합니다. 변화되길 바라며 은혜를 갈망합니다. 간절한 마음으로 기도합니다. 이때 성령이 역사하십니다. 이런 과정을 거치면서 시련 속에서 온전한 사람이 되어 갑니다.

## 인정받을 때까지 참으라

시험을 참는 자가 누구입니까? "시련을 견디어 낸 자"입니다. 그는 시험에 굴복하여 미끄러진 자가 아니라, 인내함으로써 자신의 믿음을 입증한 사람입니다.

> 시험을 참는 자는 복이 있나니 이는 시련을 견디어 낸 자가……(약 1:12).[56]

"시련을 견디어 낸 자"는 시험을 통해 믿음이 증명된 자입니다. 그래서 개역한글 성경에서는 이 부분을 "옳다 인정하심을 받은 후에"라고 번역하였습니다.[57]

---

56) 여기서 "시련을 견디어 낸"으로 번역된 헬라어는 도키모스 게노메노스(δόκιμος γενόμενος)인데, 직역하면 '(검사나 시련을 통해) 증명이 될 때'다. 12절을 헬라어에서 직역하면 다음과 같다. "시험을 참는 자가 복이 있다. 왜냐하면 그가 (시련을 통해 옳음이) 증명될 때, 주님께서 당신을 사랑하는 자들에게 약속하신 그 생명의 면류관을 그가 받을 것이기 때문이다"(Μακάριος ἀνὴρ ὃς ὑπομένει πειρασμόν, ὅτι δόκιμος γενόμενος λήμψεται τὸν στέφανον τῆς ζωῆς ὃν ἐπηγγείλατο τοῖς ἀγαπῶσιν αὐτόν, 약 1:12).
57) "시험을 참는 자는 복이 있도다 이것에 옳다 인정하심을 받은 후에 주께서 자기를 사랑하는 자들에게 약속하신 생명의 면류관을 얻을 것임이니라"(개역한글, 약 1:12).

하나님은 시험을 통해 온전한 사람으로 변화되게 하십니다. 우리는 시험을 만날 때 고통에만 집중하지 말아야 합니다. 중요한 것은 하나님의 의도이기 때문입니다. 시험을 통해서, 자기를 어떤 사람으로 만드시려는지 생각해야 합니다.

이런 경험을 해보았을 것입니다. 경제적 어려움이나 가족의 질병, 실직 때문에 기도의 자리로 나아갑니다. 기도하자마자 눈물이 쏟아집니다. 사는 것이 너무나 힘듭니다. 마음이 슬프기에 간절히 기도합니다(삼상 1:15).

어느새 자신의 기도 제목이 바뀐 것을 깨닫습니다. 하나님과의 관계에서 멀어진 자신을 발견했기 때문입니다. 이제 상황이 아니라 자신을 위해 기도하게 됩니다. 자신의 죄를 회개했던 세리처럼 말입니다.[58]

처음에는 상황이 힘들어서 기도했습니다. 그러나 어느 순간, 자신의 영혼 때문에 아파하게 됩니다. 은혜에서 미끄러진 자신 때문에 근심하시는 하나님의 마음을 느낍니다.

이전에는 자기가 힘들어서 기도했으나, 이제는 하나님의 슬픈 마음 때문에 간구합니다. 환경이 아니라 자신을 고쳐달라고 간절히 기도합니다.

형식적으로 기도할 때는 죄가 보이지 않습니다. 마음 깊은 곳에서 우러나오는 기도를 드릴 때, 죄를 보게 됩니다. 회개의 기도가 나옵니다. 죄에 대한 미움과 사랑에 대한 갈망이 치열해집니다.

이때 성령이 역사하십니다. 죄 지은 자신을 처벌할 마음이 생깁니다. 죄와 맞붙어 싸우고, 죄를 사랑하던 마음은 죽임을 당합니다. 하나님과의 관계가 고쳐집니다. 이것이 하나님께 옳다고 인정받는 과정입니다.

---

[58] "……다만 가슴을 치며 이르되 하나님이여 불쌍히 여기소서 나는 죄인이로소이다……"(눅 18:13).

이러한 시련은 우리가 처음 겪는 일이 아닙니다. 앞서 믿음으로 살았던 성도들도 모두 겪었습니다.

아우구스티누스와 거의 같은 시대를 살았던 아퀴타니아(Aquitania)의 술피키우스 세베루스(Sulpicius Severus, c.360-c.420)는 『유세비우스에게 보내는 편지』(Letter to Eusebius)에서 다음과 같이 말합니다.

"……헐벗음과 굶주림, 강도의 위협. 이 모든 재앙들은 그 일을 겪어야 했던 성도들이라면 누구나 감당해야 하는 몫이었다. 의인의 덕은 분명하게 눈에 띄는 것이었으니 곧 그 시련들을 견디고 이기는 것이었다. 무엇으로도 꺾을 수 없는 힘으로 그들은 모든 시련을 견뎌냈다. 고난이 힘겨울수록 그들은 더욱더 승리를 확신했다."[59]

얼마나 큰 시련을 당했든 하나님께 마음을 고정하십시오. 거룩해질 것입니다. 시험이 길어져도 낙심하지 마십시오.

정(情) 많이 받은 돌이 아니라 정(釘) 많이 맞는 돌이 더 좋은 조각품이 되는 법입니다. 믿음과 사랑으로 시련을 이기십시오. 그런 사람은 기계가 찍어낸 상품이 아닌, 하나님의 걸작품이 될 것입니다. 상품은 시간이 흐르면서 폐품이 되지만, 작품은 유산이 됩니다.

---

59) Sulpicius Severus, *The Letter to Eusebius*, in *The Fathers of the Church*, vol. 7, trans. Bernard M. Peebles (Washington: The Catholic University of America Press, 1970), 143.

## 인생의 가치, 존재의 변화

오래도록 시험에 든 사람들이 있습니다. 시험을 만났다기보다 인생 자체가 시험이 된 사람들입니다. 왔다가 지나가는 것이 시험인데, 어떻게 그 많은 날을 시험 속에서 허비할 수 있을까요? 믿음으로 이기려 하지 않기 때문입니다. 그래서 죽을 때까지 끝나지 않는 시험도 있습니다.

그러면 자기 것도 아니고 남의 것도 아닌 인생을 살며 세월만 보내게 됩니다. 아아, 그렇게 흘러간 시간들이 얼마나 아깝습니까?

"슈우웅, 우우웅······."

숲을 지나고 들판을 가로질러 걷고 있습니다. 그런데 어디로 가는지 도통 모르겠습니다. 드론을 띄웁니다. 참 신기한 물건입니다. 하늘 높이 한 점이 될 때까지 솟아올라서는 그 아래 넓은 풍경을 전송해 줍니다. 저 산 너머에 개울이 있다고 알려주는군요. 이제야 어디 있는지 알겠습니다.

시험의 때일수록 자신이 어디로 가는지를 알려줄 이런 관측 장비가 필요합니다. 하나님의 말씀이 그 역할을 합니다.

아직도 시험이 끝나지 않습니까? 말씀을 깨달으십시오. 걸어온 길, 가고 있는 길, 그 길을 걷는 자신을 더 멀리 더 높은 곳에서 보십시오. 시련 속에서 영적인 변화를 받으십시오. 불같은 연단을 통해 새 사람 되게 하시려는 하나님의 계획을 받아들이십시오.

오직 은혜로 단번에 구원을 받습니다. 시험에서 벗어나는 일도 은혜로 됩니다. 그러나 우리는 그 은혜에 의지적으로 참여해야 합니다. 거룩하게 하시는 성령은 우리와 함께, 우리 안에서 일하시기 때문입니다.

"돈 때문이네, 돈만 있으면 되겠네."

"실직 때문이네. 취업만 하면 되겠네."

시험 가운데 놓인 사람들의 고통을 간단히 생각하지 마십시오. 값싼 동정보다 더 중요한 것이 있습니다. 하나님의 계획을 깨닫도록 돕는 것입니다. 시험을 통해 하나님의 뜻이 이루어지도록 기도해 주십시오.

모든 시련 속에는 하나님의 계획이 있습니다. 시련을 만날 때 드러나는 원인에만 주목하지 마십시오. 주님의 마음을 느껴 보십시오. 무엇을 잘못했는지 생각해 보십시오. 어떻게 고쳐야 할지 숙고하십시오.

시험에 든 사람들은 "시련을 견디어 낼 때까지", 곧 하나님께 인정받을 때까지 참아야 합니다. 믿음으로 견뎌야 합니다.

인간적인 방법으로 해결하려고 하지 마십시오. 영혼을 어루만져 주시기를 간구하십시오. 시험에서 벗어나기로 뜻을 세우십시오. 단지 힘들기 때문이 아니라, 하나님 뜻대로 살고 싶어서 그리하십시오.

이 문제만 해결해 주시면 잘 믿겠노라고 거래하지 마십시오. 내가 원하는 대로 해결해 주지 않으셔도 믿음으로 살아야 하지 않겠습니까?(단 3:18)

## 생명의 면류관을 주신다

시험을 참는 자는 복이 있습니다. 그것은 세상의 복이 아닙니다. 신령한 복이니, 하늘의 복입니다(엡 1:3-4). 야고보는 시련을 견딘 사람들이 받을 최종적인 복에 대해 말합니다. 그것은 "생명의 면류관"입니다.[60]

---

60) 성경에는 여러 종류의 면류관이 나온다. "영광의 면류관"이 등장하고(렘 13:18), "의의 면류관"도 나오고(딤후 4:8), "금 면류관"도 언급된다(계 14:14).

시험을 참는 자는 복이 있나니 이는 시련을 견디어 낸 자가……생명의 면류관을 얻을 것이기 때문이라(약 1:12).

여기서 "면류관"은 '상'(賞)이라는 뜻이니, '생명의 상'입니다. 여기서 "생명"이라는 표현은 두 가지 의미를 갖습니다.

첫째로, 영원히 죽지 않는다는 것입니다. 육체가 아니라 영혼이 영원히 죽지 않는다는 것입니다. 육체가 한 번 죽는 것은 하나님이 정하신 것입니다(히 9:27). 따라서 이는 육체의 죽음 이후에 둘째 사망, 곧 영혼의 죽음이 없으리라는 뜻입니다(계 20:14).

이 썩을 것이 반드시 썩지 아니할 것을 입겠고 이 죽을 것이 죽지 아니함을 입으리로다……사망을 삼키고 이기리라고 기록된 말씀이 이루어지리라(고전 15:53-54).

둘째로, 그리스도와의 충만한 교제(交際)를 뜻합니다(요 14:6). 그리스도께서 곧 생명이시기 때문입니다. 우리의 상은 그리스도와의 충만한 영적 생명의 교통 속에서 살아가는 것입니다. 이것을 천국에서뿐 아니라, 지금 이 땅에서도 누립니다. 신자는 이것을 양식 삼아 살아갑니다(요 6:35). 성령께서 이 생명으로 능력 있는 삶을 살아가게 하십니다.

이 면류관은 너무 귀합니다. 그래서 시험 속에서 적당히 타협하는 사람에게 주어지지 않습니다. 신앙을 양보하는 사람들은 받지 못합니다. 믿음

으로 인내하는 사람들에게 주어집니다(계 2:10).[61]

생명의 면류관을 받는 성도들은 모두 시험의 사람들이었습니다. 그들은 분투했습니다. 주님 뜻대로 살기 위해 믿음의 싸움을 싸웠습니다(딤전 6:12). 상황에 굴복하는 대신 끝까지 싸웠습니다. 마침내 충만한 생명의 은혜를 받았습니다. 그들은 불 같은 시험을 이겼습니다. 승리했습니다.

시험의 때에 흔들리는 마음은 군인이 전쟁터 나가며 후퇴할 생각을 하는 것과 같습니다.

말씀을 들을 때는 고개를 끄덕이지만, 삶으로는 은혜를 떠납니까? 그런 신앙생활로는 충만한 생명을 누릴 수 없습니다. 시험을 이기고자 하는 믿음이 있어야 합니다. 충성스럽게 살려는 몸부림이 있어야 합니다. 새 사람으로 변화되기를 갈망해야 합니다.

### 시험을 이기는 원동력, 사랑

이어서 성경은 생명의 면류관을 받을 사람이 누구인지 알려줍니다. 바로 믿음으로 사는 신자들입니다. 하나님을 사랑하는 자들입니다. 시련 속에서 믿음을 지켰던 사람들입니다.

> ……주께서 자기를 사랑하는 자들에게 약속하신 생명의 면류관을 얻을 것이기 때문이라(약 1:12).

---

[61] "……시험을 받게 하리니 너희가 십 일 동안 환난을 받으리라 네가 죽도록 충성하라 그리하면 내가 생명의 관을 네게 주리라"(계 2:10).

시험을 참는 원동력은 사랑입니다. 그 사랑은 은혜를 통해 주어집니다. 사랑 없이 시험을 참을 수 없고, 은혜 없이 고통을 이길 수 없습니다. 시험을 당할 때 은혜를 간구해야 하는 이유입니다.

시험으로부터의 진정한 해방이 무엇입니까? 단지 힘든 상황이 끝나는 것이 아닙니다. 하나님과의 사랑의 교제 속으로 들어가는 것입니다. 그러므로 시험의 때에는 한 가지에만 집중하십시오. 바로 하나님 사랑입니다.

그 사랑에서 미끄러지지 않기를 갈망하십시오. 시험과 시련 속에서 고통보다 더 큰 사랑에 감격하며 살게 해 달라고 기도하십시오.

시험 중에 경건한 두려움을 가지십시오(시 77:7-9). 그것은 하나님의 품으로 파고드는 거룩한 갈망의 증거입니다(시 144:2).[62]

인생의 바다에서 풍랑이 일어날 때, 시험의 물결을 보지 마십시오. 우리를 붙들고 계신 그리스도를 신뢰하십시오. 경건한 두려움과 사랑으로 주님과 화목하십시오. 그 마음으로 기도하기를 힘쓰십시오. 시험을 이길 모든 힘이 오직 거기로부터 나옵니다(시 46:1).

인생은 장거리 경주와 같습니다(히 12:1). 결승선에 도달하기까지 많은 장애물이 있습니다. 신앙생활도 그렇습니다. 어떤 사람은 완주하고, 어떤 사람은 기권합니다.

사랑이 시험을 이기게 합니다. 사랑의 사람들이 참습니다. 사랑이 오래 참게 하기 때문입니다(고전 13:4). 그들은 올바르게 행합니다. 불의를 기뻐하지 않기 때문입니다(고전 13:6). 그들은 참되게 살아갑니다. 진리를 기뻐

---

62) "여호와는 나의 사랑이시요 나의 요새이시요 나의 산성이시요 나를 건지시는 이시요 나의 방패이시니 내가 그에게 피하였고……"(시 144:2).

하기 때문입니다(고전 13:6). 그들은 인내합니다. 사랑만이 모든 것을 참게 하고, 믿게 하고, 견디게 하기 때문입니다(고전 13:7).

아무리 큰 능력이 있어도 사랑이 없으면 아무것도 아닙니다(고전 13:2). 자기를 불사르게 내줄지라도 사랑이 없으면 아무 유익이 없습니다(고전 13:3). 많은 수고도 사랑이 없으면 하나님께 인정받지 못합니다(계 2:2).

시련은 우리 안에 있는 하나님의 사랑을 측정할 기회입니다. 믿음으로 더욱 사랑할 기회입니다. 시험을 만났습니까? 사람의 꾀로만 대처하지 마십시오. 하나님 사랑으로 견디십시오. 이기십시오. 그것이 신앙입니다.

## 맺는말

예레미야는 폐허가 된 예루살렘 한복판에 서 있었습니다. 나라는 바벨론에게 멸망당했습니다. 그는 낙심했습니다. 하나님이 이스라엘을 버리신 줄로 생각했기 때문입니다.

그는 극심한 고통 가운데 있었습니다. 한편으로는 망한 나라 때문에, 또 한편으로는 신앙 없는 백성들 때문이었습니다. 그러나 그의 마음에 한 줄기 빛이 들어왔습니다. 하나님의 인자하심과 긍휼하심은 영원하다는 확신이었습니다(애 3:22–23).[63]

이스라엘을 징계하신다는 사실 자체가 사랑하신다는 뜻임을 깨달았습

---

63) "여호와의 인자와 긍휼이 무궁하시므로 우리가 진멸되지 아니함이니이다 이것들이 아침마다 새로우니 주의 성실하심이 크시도소이다"(애 3:22-23). 여기서 "여호와의 인자"(하스데 야웨, הַסְדֵי יְהוָה)라고 번역된 부분은 히브리어 원문에 복수형으로 "야훼의 인자들"인데, 하나님의 선하심에 기반을 둔 언약적 사랑의 풍성함을 뜻한다. "긍휼"(라하마이우, רַחֲמָיו)도 복수형으로 '그의 긍휼들'이다. 이 또한 하나님의 언약적 사랑에서 비롯되는 자비와 긍휼이 무한함을 뜻한다.

니다. 확신이 생겼습니다. 확신은 그의 마음에 불길이 되었습니다. 그래서 폐허가 된 예루살렘에서 하나님의 선하심을 찬양할 수 있었습니다.

믿음의 눈으로, 보이는 현실을 뛰어넘으십시오. 하나님과 올바른 관계 속에 사십시오. 하나님이 좋으신 분임을 믿으십시오. 결코 우리에게 나쁜 일을 행하실 리 없음을 믿으십시오. 약속의 말씀을 붙드십시오. 시험 속에서도 하나님의 인자와 긍휼을 보여달라고 기도하십시오.

매일 하나님을 의지하십시오. 어떤 경우에도 하나님을 배반하지 마십시오. 어제는 어제의 은혜로 살았습니다. 오늘을 살아갈 은혜는 지금 받아야 합니다. 은혜로 시련을 견디십시오. 반드시 시험을 이길 것입니다.

### 한눈에 보는 7장

I. 시험의 때에 참으라

시험 중에 참으라. 그런 사람이 복이 있다.
어떤 어려움이 와도 믿음으로 견디라.
그 과정을 통해 거룩해지기 때문이다.
믿음으로 참을 때 하나님께 집중한다.
그때 죄를 발견하게 된다. 그것을 죽일 때 거룩해진다.


II. 인정받을 때까지 참으라

'시련을 견디다'라는 말의 의미는 '시험 가운데 인정받다'이다.
우리 존재가 하나님께 인정받을 때까지 참아야 한다.
우리를 바라보시는 하나님의 마음을 깨달아야 한다.
하나님의 마음에 합하도록 변화되어야 한다.


III. 참는 자의 상급

참는 자가 받을 상급은 생명의 면류관이다.
첫째로, 영원한 생명이다. 둘째 사망이 없을 것이다.
둘째로, 생명이신 그리스도와의 충만한 교제다.
시험을 참는 자에게는 풍성한 영적 생명을 주신다.


IV. 시험을 이기는 원동력, 사랑

신자가 참는 것은 하나님을 사랑하기 때문이다.
사랑이 모든 것을 참으며 견디며 이기게 한다.
시험을 만날 때 하나님 사랑하기를 힘쓰라.
그래야 시험에서 승리할 수 있다.

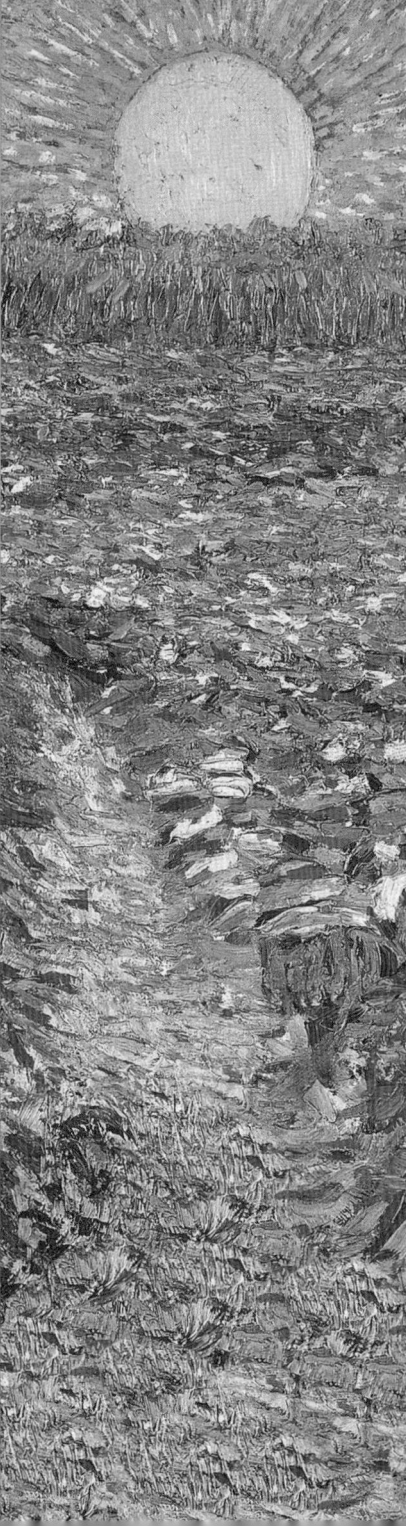

제8장

# 시험하지 않으시는 하나님

―✦―

시험을 받을 때 아무도
나는 하나님께로부터 시험을 받는다고
말하게 하지 말라.
이는 하나님이 악에게
시험을 받지도 아니하시고
또한 아무도 시험하지 않으심이라.

Μηδεὶς πειραζόμενος λεγέτω ὅτι
ἀπὸ θεοῦ πειράζομαι· ὁ γὰρ θεὸς
ἀπείραστός ἐστιν κακῶν,
πειράζει δὲ αὐτὸς οὐδένα.

**야고보서 1장 13절, KNJ 私譯**

"웨엑, 끄억……."

화장실에 쭈그리고 앉아 토하고 있었습니다. 오른손 둘째 손가락을 목구멍 속 깊이 쑤셔 넣었습니다. 속이 울렁거려서가 아니었습니다. 맛있게 음식을 먹은 내가 미워서였습니다.

기독교에 귀의하고 얼마 되지 않았을 때입니다. 1주일 금식기도를 작정했습니다. 직장을 다니고 있었는데, 금식 이틀째 잠시 밖으로 나왔습니다. 점심시간이었습니다. 명동거리 양쪽으로 늘어선 식당에서 흘러나오는 음식 냄새가 골목을 가득 채웠습니다.

도저히 참을 수 없었습니다. 냄새에 굴복하지 않을 수 없었습니다. 무엇에 홀린 사람처럼 음식점에 들어가 여러 가지를 주문해 먹었습니다. 배부름이 느껴질 때 찾아온 것은 뼈저린 후회였습니다.

회사로 돌아와 급히 화장실로 달려갔습니다. 음식을 다 토한 후 문고리를 잡고 울면서 기도했습니다. "주님, 저는 당신을 위해 식욕 하나 이기지 못하는 죄인입니다."

그 골목에서 음식 냄새가 난 것은 그날이 처음은 아니었습니다. 굶주린 나는 음식 먹기를 욕망했고, 그것은 저항할 수 없는 힘이 되었습니다.

시험에 있어서 욕망이 그렇습니다. 평소에는 작았던 욕망이 시험의 때에 커져서 사람을 사로잡고, 때로는 죄를 짓게 합니다. 그때 그것을 하나님 때문이라고 말하지 마십시오.

> 사람이 시험을 받을 때에 내가 하나님께 시험을 받는다 하지 말지니 하나님은 악에게 시험을 받지 아니하시고 친히 아무도 시험하지 아니하시느니라(약 1:13).

## 하나님은 사람을 시험하시는가?

하나님은 "친히 아무도 시험하지" 않으십니다(약 1:13). 그런데 상반된 진술도 있습니다. 다른 곳에서는 하나님이 사람을 시험하신다고 합니다.

> 그 일 후에 하나님이 아브라함을 시험하시려고 그를 부르시되……(창 22:1).

이삭을 바치라는 명령을 내리셨을 때, 하나님은 마치 아브라함이 어떻게 반응할지 몰라 그를 시험하셨다는 듯 보입니다.

"하나님은 시험하지 않으신다."
"하나님은 사람을 시험하신다."
모순처럼 보이는 두 명제가 어떻게 조화를 이룰 수 있을까요? 이것은 성경의 계시 구조를 생각하면 쉽게 이해됩니다.

성경의 원저자는 하나님이십니다. 그러나 성경을 직접 기록하신 것은 아닙니다. 사람으로 하여금 기록하게 하셨습니다. 그런데 오류에 빠질 수 있는 인간에 의해 기록된 계시가 어떻게 완전한 하나님의 말씀이 될까요? 이에 대한 답으로 성경은 영감(靈感)의 교리를 제시합니다.

> 모든 성경은 하나님의 감동으로 된 것으로 교훈과 책망과 바르게 함과 의로 교육하기에 유익하니(딤후 3:16).

성경은 사람들에 의해 기록되었지만, 모든 부분이 성령의 영감으로 쓰였습니다. 성령께서 성경이 기록되는 동안 기록자들의 정신과 육체를 보호하셨습니다. 그래서 인간의 죄 때문에 오류가 생기지 않도록 하셨습니다. 그리하여 불완전한 사람이 쓴 기록이 완전한 말씀이 되었습니다. 신앙과 생활의 최종적 기준이 되었습니다.

성경의 원저자는 하나님이시고, 기록자는 사람입니다. 그리고 성경은 사람이 읽습니다. 그래서 성경에는 두 가지 관점이 공존합니다. 하나님의 관점과 인간의 관점입니다. 어떤 것은 하나님의 관점에서 본질(本質)을 보여주지만, 또 어떤 것은 인간의 관점에서 현상(現象)을 보여줍니다. 하나님께 시험을 당한다고 말하는 것은 두 관점을 혼동했기 때문입니다.

아침이 되면 해가 떴다고 말합니다. 그렇지만 초등학교에만 가도 움직이는 것은 태양이 아닌 지구라는 사실을 배웁니다. 지구가 자전을 하면서 밤과 낮이 생긴다는 사실을 알게 됩니다. 그런 점에서 해가 뜨고 진다는 말은 과학적으로 사실이 아닙니다. 그러나 우리는 그런 표현을 사용합니다. 저녁이 되면 해가 졌다고 말하지, 지구가 반 바퀴 돌았다고 말하지는 않습니다.

만약 성경이 하나님의 관점에서만 쓰였다면, 우리는 내용을 이해하기 어려웠을 것입니다. 하나님과 소통하기가 불가능했을 것입니다. 반대로 인간의 관점에서만 기록되었다면, 우리는 영원한 것들을 배우지 못했을 것입니다. 불변하는 진리를 이해하는 일이 불가능했을 것입니다.

그래서 성경은 하나님의 관점과 인간의 관점을 오가며 기록되었습니다. 말하자면, 후자는 인간을 위한 하나님의 눈높이 교육입니다.

본질적으로, 하나님은 인간을 시험하지 않으십니다. 시험을 받지도 않으십니다. 그러나 현상적으로는, 인간을 시험하시는 것처럼 묘사됩니다(신 8:2, 삿 3:4). 사실 하나님은 사람을 시험하지 않으십니다. 시험하실 이유가 없습니다. 이미 모든 것을 알고 계시기 때문입니다(요일 3:20).

## 시험의 위험성

여기서 주목할 것이 있습니다. "시험을 받을 때에"라는 말의 의미입니다. 그저 객관적으로 시험에 직면하는 상태가 아닙니다. 부적절한 행동을 하도록 꾀임을 당하거나 유혹받고 있는 상태입니다.[64]

죄를 향하는 시험은 본질적으로 악한 세력의 작용입니다. 그러나 이 경우, 유혹의 원천은 시험을 받는 신자 자신입니다. 유혹을 느끼게 할 만한 그 무엇이 이미 자기 안에 있기 때문에 유혹을 받는 것입니다.[65]

시험은 그 사람 안에 없는 것을 만들어 내지 않습니다. 이미 있는 것을 드러낼 뿐입니다. 그래서 시험에 들면 악에 빠질 가능성이 높습니다. 그러기에 예수께서는 "시험에 들게 하지 마시옵고"라는 기도 뒤에, "악에서 구하시옵소서"라는 간구를 덧붙이셨습니다(마 6:13).

어떤 이유로 시험을 만났든지 거기에는 죄에 빠지게 하는 요소가 있습니다. 그러면 시험에는 어떻게 이런 힘이 존재하는 것일까요? 그 힘은 시험 자체에 있는 것이 아니라, 시험을 당하는 인간의 마음에 있습니다. 여기서 꼭 기억해야 할 명제는 이것입니다.

"시험은 시험받는 신자 안에 없는 죄를 이끌어 낼 수는 없다."

---

[64] 크레이그 L. 블롬버그, 마리암 J. 카멜, 『존더반 신약주석 16: 강해로 푸는 야고보서』, 정옥배 역 (서울: 디모데, 2014), 73.

[65] Kurt A. Richardson, *James*, in *The New American Commentary*, vol. 36 (Nashville: Broadman & Holman Publishers, 1997), 79.

시험은 유혹하는 힘이 마음에 끼치는 영향력입니다. 이로써 죄에 빠지게 됩니다. 마음 안에 있는 것을 이끌어 냄으로써 하나님과의 영적 교제를 가로막습니다.[66]

칼빈(John Calvin, 1509-1564)은 이 구절이 내적인 유혹의 문제, 곧 죄를 향해 달려가는 무절제한 욕망을 다룬다고 설명합니다.[67] 죄는 우리의 부패한 본성에서 흘러나온 것이지, 하나님으로 말미암은 것이 아닙니다.

이처럼 시험과 죄는 밀접한 관계가 있습니다. 시험의 때에 사탄은 죄를 의도하고, 죄는 시험의 때를 기다립니다. 하나님은 은혜를 준비하시고, 은혜는 우리를 성숙하게 합니다. 죄와 관련해서 시험은 다음 두 가지로 설명할 수 있습니다.

첫째로, 죄(罪)에 이끌린 시험입니다. 유혹에 빠져 타락하는 경우입니다. 이는 시험과 함께 죄 속으로 내동댕이쳐지는 것입니다. 비유로 말하면, 시험의 줄에 묶인 채 죄의 바다로 내던져지는 것입니다. 그것은 자의적 도덕적 결정에 의한 것입니다. 그는 죄와 쉽게 결별할 수 없습니다.

둘째로, 죄와 상관없는 시험입니다. 갑작스런 사고나 질병, 다른 사람의 죄 때문에 당하는 어려움 등이 그것입니다(시 69:4). 앞의 경우와 달리 도덕적 결정에 의한 것이 아닙니다.

우리는 이런 어려움을 수시로 만납니다. 이를 "부당하게" 받는 고난이라고 합니다(벧전 2:19). 믿음을 지키기로 결심했기에 당하는 시험도 마찬가지입니다(단 1:8). 말씀대로 살려고 결심했기에 겪어야 하는 시험입니다.

---

[66] John Owen, *Of Temptation*, in *The Works of John Owen*, vol. 6, ed. William H. Goold (Edinburgh: The Banner of Truth Trust, 1991), 96.

[67] John Calvin, *Commentaries on the Epistle of James*, in *Calvin's Commentaries*, vol. 22, trans. John Owen (Grand Rapids: Baker Book House, 1998), 288.

욥이 그랬습니다. 시험이 오래되자 굳건하던 믿음이 흔들리기 시작했습니다. 욥은 자기 생일을 저주했습니다. "내가 난 날이 멸망하였더라면, 사내 아이를 배었다 하던 그 밤도 그러하였더라면"(욥 3:3).

그의 마음에 하나님을 온전히 신뢰하지 못하는 불신(不信)이 있었습니다. 처음에는 작았지만, 점점 커졌습니다. 결국 불신앙적인 발언을 쏟아 놓게 했습니다. 부당한 고난을 받는다고 해서 저절로 믿음으로 살게 되는 것이 아님을 봅니다.

남다른 열심과 사랑으로 섬기다가, 죄에 빠진 사람들의 이야기를 듣습니다. 사람들은 좋았던 그의 모습까지 의심합니다. 원래 좋은 사람이 아니었는데, 짐짓 꾸며낸 행동을 했다고 말입니다.

대부분 그렇지 않습니다. 그것은 인간의 다면성(多面性)을 몰라서 하는 말입니다. 주님을 훌륭하게 섬기던 과거의 삶도 사실이었고, 그 후에 죄 짓고 타락한 것도 사실입니다.

시험이 계속되자, 그의 마음에 은혜의 불이 꺼지고 죄가 일어날 기회를 얻은 것입니다. 결국 은혜가 소멸되고 욕망에 사로잡혀 범죄에 빠지게 된 것입니다. 은혜가 회복되면 다시 하나님을 섬길 것입니다.

죄는 하나님을 의지하는 대신 자기를 의지하게 합니다. 주님 말씀보다 자기 생각으로 문제를 해결하려고 합니다. 성공하면 자기를 자랑하지만 실패하면 하나님을 원망합니다. 그것은 교만이니, 이미 그가 시험에 들었다는 증거입니다.

시험(試驗)이 무엇입니까? 죄에 아주 빠져버린 것이 아니라, 은혜에서 물러난 상태입니다. 시험은 마음이 하나님께 즉시 순종할 수 있는 준비성을 잃어버린 상태입니다. 죄에 즉각적으로 항거할 수 없는 상태입니다.

다시 말해, 하나님의 뜻에 즉시 순종할 준비를 갖추지 못한 모든 상태가 시험에 든 것입니다. 진리가 필요할 때 말씀을 받지 못하고, 기도가 필요할 때 즉시 기도하지 않는 상태입니다.

## 하나님을 원망하지 말라

신자의 삶은 영적 싸움입니다. 그것은 혈과 육을 상대하는 것이 아닙니다. 악의 영들을 상대하는 것입니다(엡 6:12). 이 싸움에서 이길 수 있도록 능력을 주시는 분은 오직 하나님이십니다. 시험에서 승리하도록 힘을 주시는 하나님이 시험에 들게 하실 리가 있겠습니까? 그것은 모순입니다.

"아무리 해도 안 되더라."

어려움이 지속되면 마음이 절망하기 쉽습니다. 미래에 대한 희망이 사라지고, 하나님이 자기를 도와주시지 않는다고 단정합니다. 이때 마음은 하나님을 원망합니다. 위기를 만난 사람들 곁에서 대기하던 절망이 나쁜 친구의 손을 잡고 나타납니다. 바로 원망입니다.[68]

절망에 빠지면 원망할 대상을 찾게 됩니다. 가족이나 친구일 수도 있고, 자기 자신일 수도 있습니다. 모든 원망의 화살은 결국 하나님께로 향하게 됩니다. 그런 사람을 내 가까이 두시고, 이런 상황을 허락하신 하나님을 원망하는 것입니다.[69]

---

[68] "나를 원망하는 이 악한 회중에게 내가 어느 때까지 참으랴 이스라엘 자손이 나를 향하여 원망하는 바 그 원망하는 말을 내가 들었노라"(민 14:27).
[69] 범죄한 후, 우리의 첫 조상이 했던 핑계를 기억해 보라. "아담이 이르되 하나님이 주셔서 나와 함께 있게 하신 여자 그가 그 나무 열매를 내게 주므로 내가 먹었나이다"(창 3:12).

하나님을 향한 원망의 핵심은 미움입니다. 그 일이 자기 뜻대로 안 되게 하신 하나님을 미워하는 것입니다. 그것은 하나님의 법에 굴복하지 않는 "육신의 생각"입니다(롬 8:7). 거듭나지 않은 마음입니다.[70]

원망은 자기 영혼을 찌르는 칼입니다. 사람을 미워해도 상처의 골이 깊은데, 하나님을 미워하면 어떻게 될까요? 그 마음으로 어떻게 하나님과 올바른 관계를 맺을 수 있겠습니까? 어떻게 아버지께로부터 좋은 것을 받을 수 있겠습니까?

하나님을 원망하면 마음이 즉시 굳어집니다. 그것은 마음에 대한 하나님의 심판입니다(요 12:40). 원망은 매우 큰 죄이니 하나님을 거역하는 것입니다(민 14:35). 그런데 우리는 너무나도 쉽게, 자주 하나님을 원망합니다. 원망이 죄라는 사실조차 인정하지 않으니, 시험에 든 신자는 마음으로 더욱 악으로 향합니다.

원망은 모든 희망을 앗아갑니다. 고립감에 빠지면 자기 연민에 빠지게 됩니다(민 14:1). 아무도 자기를 도울 수 없다고 생각합니다. 그 결국이 무엇인지 아십니까? 시험을 당한 욥의 아내가 보여줍니다.

"그의 아내가 그에게 이르되 당신이 그래도 자기의 온전함을 굳게 지키느냐 하나님을 욕하고 죽으라"(욥 2:9).

시험을 만나도 하나님을 원망하지 마십시오. 그분이 시험에 빠지게 하신 것이 아닙니다. 상황이 조금도 나아지지 않습니까? 그래도 하나님을 바라보십시오. 결코 당신을 버리지 않으십니다(시 9:10).

---

[70] "육신의 생각은 하나님과 원수가 되나니 이는 하나님의 법에 굴복하지 아니할 뿐 아니라 할 수도 없음이라"(롬 8:7). 여기서 "하나님과 원수"라고 번역된 부분은 엑크쓰라 에이스 쎄온(ἔχθρα εἰς θεόν)인데, 문자적으로 '하나님 속으로의 적의(敵意, enmity)'다. 즉 반감과 대적이 하나님 속을이 향하고 있음을 보여준다. 우리말로 표현하면 '철천지원수'라고 할 수 있을까?

## 위로하시는 하나님

신앙이 어릴 때는 자신이 제법 강한 줄 압니다. 그러나 신앙이 깊어질수록 자신이 얼마나 약한지를 깨닫습니다. 믿음의 깊이는 하나님을 의지하는 깊이입니다. 하나님은 시험하지 않으십니다.

시험의 때에 위험만 있는 것은 아닙니다. 하나님의 위로도 있습니다. 하나님은 당신을 찾는 자에게 시련보다 큰 위로를 주십니다.[71] 우리는 강하지 않기에, 고난과 시련의 때에는 위로가 필요합니다. 하나님은 다음과 같이 위로하십니다.

첫째로, 시험의 상황을 끝내심으로써입니다(시 34:17). 감당치 못할 큰 어려움을 만났을 때 간절히 기도하십시오. 그러면 예상치 못했던 방법으로 해결해 주십니다. 위로하시는 하나님을 만나게 됩니다. 이런 간증이 없이 어찌 그리스도인이라고 할 수 있겠습니까?

둘째로, 성도와의 교제를 통해서입니다(고후 7:6). 성도와의 교제는 마음에 위로를 줍니다. 그 교제 가운데 지혜를 얻습니다. 목회자와 지체들의 실제적인 도움 속에서 하나님의 손길을 봅니다. 사람이 자기를 도왔다는 생각을 넘어서게 합니다. 하나님께서 자신을 여전히 돌보고 계심을 깨닫게 됩니다.

셋째로, 영혼에 은혜를 주심으로써입니다(시 107:9). 영혼을 어루만지시는 은혜로 위로하십니다. 그 무엇보다 가장 값진 위로입니다(시 119:50). 은혜를 경험할 때 사랑을 확신하게 됩니다. 하나님께서 기억하신다는 사실

---

71) "우리의 모든 환난 중에서 우리를 위로하사 우리로 하여금 하나님께 받은 위로로써 모든 환난 중에 있는 자들을 능히 위로하게 하시는 이시로다"(고후 1:4).

을 깨닫게 됩니다. 그 사랑은 마음에 기쁨을 주고 영혼에 강한 힘을 줍니다. 시련을 당해도 쓰러지지 않게 해줍니다.

구름같이 허다한 믿음의 증인들이 그렇게 시험을 이겼습니다. 시험을 당했으나 믿음으로 이겼습니다. 오히려 시험 때문에 믿음이 강해졌습니다. 그들은 세상이 감당할 수 없는 사람이 되었습니다.

쓸모 없던 사람이 요긴한 자가 되었고, 근심거리였던 사람이 주님께 영광 돌리는 자가 되었습니다. 시험을 능가하는 사랑 때문입니다. 그들이 이길 수 있었으니 우리도 이길 수 있지 않겠습니까?

## 맺는말

시험에 들면 하나님으로부터 마음이 멀어집니다. 그러나 하나님께로부터 멀어진 것은 시험 때문이 아닙니다. 아무것도 하나님과 우리 사이를 갈라놓지 못합니다. 어찌 시험 따위가 갈라놓을 수 있겠습니까?(롬 8:35)

은혜의 때를 생각해 보십시오. 핍박 속에 담대했으며, 죽을 것 같은 환난을 당해도 견딜 수 있었습니다(고후 2:14). 그 사랑에서 멀어진 것은 우리의 죄 때문입니다. 시험에 들어 스스로 하나님을 떠났기 때문입니다.

시험의 때에 마음을 들여다보십시오. 시험을 만날 수는 있으나 죄는 짓지 말아야 합니다. 좋으신 하나님을 원망하지 마십시오.

오히려 믿음을 굳건히 하십시오. 하나님의 선하심을 굳게 믿으십시오. 이것이 시험을 이기는 길입니다.

**한눈에 보는 8장**

### I. 시험하지 않으시는 하나님

성경의 기록자와 독자는 인간이고, 원저자는 하나님이시다.
그래서 성경에는 인간의 관점과 하나님의 관점이 교차된다.
두 관점을 혼동하면 하나님이 인간을 시험하시는 것처럼 보인다.

### II. 시험의 위험성

시험은 죄와 관련해 두 가지로 나눌 수 있다.
첫째로, 죄에 이끌려 시작된 시험이다.
둘째로, 죄과 무관하게 시작된 시험이다.
어떤 시험이든 인간 안의 죄를 끌어내는 힘이 있다.
그때 사람들은 하나님 때문에 시험을 받는다고 말한다.
그러나 성경은 하나님은 시험하지 않으신다고 말한다.

### III. 원망하지 말라

현실의 위기는 우리로 하여금 절망하게 한다.
절망은 원망할 대상을 찾게 하고, 모든 원망은 하나님께로 향한다.
원망은 하나님을 향한 미움이자, 거역이다.
그분을 미워하면서 어찌 도움을 받을 수 있겠는가?

### IV. 위로하시는 하나님

하나님은 시험하지 않으신다. 오히려 위로하신다.
첫째로, 어려움을 제거하심으로써다.
둘째로, 성도와의 교제를 통해서다.
셋째로, 은혜를 주심으로써다. 은혜는 곧 사랑이다.
사랑이 위로를 준다. 힘을 준다. 그 힘으로 시험을 이기라.

제9장

# 시험과 욕심

✦✦✦

오직 각 사람은 자기 자신의 욕심에 이끌려 꾀임을 당함으로 시험을 받는다.

ἕκαστος δὲ πειράζεται ὑπὸ τῆς ἰδίας ἐπιθυμίας ἐξελκόμενος καὶ δελεαζόμενος.

**야고보서 1장 14절, KNJ 私譯**

"와장창, 쿵쾅……."

부부 싸움을 하고 있습니다. 작은 일로 시작된 언쟁은 큰 싸움이 되었습니다. 남편은 고함을 지르고 아내는 바락바락 악을 씁니다. 남편이 물건을 집어 던집니다. 아내는 비명을 지르다가 웁니다. 믿는 사람도 이렇게 부부싸움을 할 수 있군요.

잠시 후 남편은 휙 밖으로 나가버립니다. 차를 몰고 어디론가 쏜살같이 갑니다. 저런! 술집에 왔군요. 전에 끊었던 술을 다시 마십니다.

한참을 울던 아내도 외투를 걸치고 집을 나섭니다. 어디로 가는 걸까요? 아, 교회로 가는군요. 불 꺼진 예배당에서 울면서 기도를 드립니다.

똑같이 시험을 당했습니다. 그런데 왜 어떤 사람은 악에 빠지고, 다른 사람은 선으로 나아갈까요? 선이나 악으로 기울어지게 하는 것은 마음입니다. 시험을 만날 때 믿음으로 참아 보십시오. 선으로 나아가게 됩니다. 혈기를 따라 대응해 보십시오. 악으로 나아가게 됩니다(창 4:7).

## 욕심과 죄

시험의 때에는 범죄하기 쉽습니다. 시험에 빠진 것에 대해 하나님을 원망하기 쉽습니다. 그러나 시험에 빠지게 된 원인은 하나님이 아니라 자기 자신에게 있습니다.

> 오직 각 사람이 시험을 받는 것은 자기 욕심에 끌려 미혹됨이니(약 1:14).[72]

여기서 시험을 받는 것은 죄에 이끌리는 것을 말합니다. 우리는 시험 속에서 유혹에 넘어집니다. 때로는 죄를 짓습니다. 사람들을 미워하거나 하나님을 원망하기도 합니다. 시험을 받을 때, 하나님께서 허락하셨기 때문에 그 일이 일어났다고 생각합니다. 그러니 자기가 죄에 빠진 것에는 하나님께도 책임이 있다고 여깁니다.

---

[72] 이 구절을 헬라어 성경에서 직역하면 다음과 같다. "그러나 각 사람은 자기 자신의 정욕들에 의해 이끌려 나와서 미혹될 때 시험을 받는다"(ἕκαστος δὲ πειράζεται ὑπὸ τῆς ἰδίας ἐπιθυμίας ἐξελκόμενος καὶ δελεαζόμενος·, 약 1:14).

물론 인생사 어떤 일도 하나님의 뜻 바깥에서 일어나지 않습니다. 그러나 사람은 선택에 있어서 자유의지를 가지고 있습니다. 선을 행하는 것은 하나님의 도움 없이 불가능하지만, 악을 행하는 것은 스스로의 힘으로 하는 것입니다.

시험에 들어 죄에 빠지면, 제일 먼저 생각에 혼란이 옵니다. 그러면 시험에 든 것이 어디까지가 상황 때문이고, 어디까지가 자기 욕심 때문인지 판단할 수 없습니다.

사람이 시험을 받아 죄에 빠지는 것은 자기 욕심에 이끌려 미혹되었기 때문입니다. 여기서 매우 중요한 사실을 발견하게 됩니다. 죄에 빠지는 것과 욕심이 밀접한 관계가 있다는 것입니다.

"욕심"으로 번역된 헬라어 에피쒸미아(ἐπιθυμία)는 원래 '정욕', '탐욕', '욕망' 등을 가리키는 단어입니다.[73] 좁은 의미로는, 절제 없이 쾌락을 추구하는 감각적 욕구나 (막 4:19) 그릇된 성적 욕망을 뜻합니다 (롬 1:24). 넓은 의미로는, 자기를 주인 삼은 욕망을 가리킵니다 (딛 2:12).[74]

욕심은 하나님의 질서를 벗어나 자기 마음대로 살기 원하는 욕구입니다. 지성적으로는, 자신이 온 우주의 중심이라고 생각하는 것입니다. 자신의 판단이 최종적 권위를 갖는다고 믿는 것입니다. 자기 생각을 진리로 여기는 것입니다. 의지적으로는, 자기 만족을 최고의 가치로 여기는 것입니다. 자신에게 행복을 가져다준다고 생각하는 대상을 가장 중요하다고 믿는 것입니다. 이런 마음이 시험에 든 성도들을 죄로 몰고 갑니다.

---

[73] Joseph H. Thayer, *A Greek-English Lexicon of the New Testament* (Grand Rapids: Baker Book House, 1982), 238.

[74] 김남준, 『자기 깨어짐』 (서울: 생명의말씀사, 2019), 26-27을 참고할 것.

인류의 첫 범죄를 생각해 보십시오. 아담은 하나님께서 금하신 선악을 알게 하는 나무의 열매를 먹었습니다. 그 나무의 열매를 먹었느냐는 물음에 아담이 어떻게 대답했습니까?

"아담이 이르되 하나님이 주셔서 나와 함께 있게 하신 여자 그가 그 나무 열매를 내게 주므로 내가 먹었나이다"(창 3:12).

아담의 대답을 보십시오. 범죄한 주체가 자신이 아니었습니다(창 3:12). 그의 말에 따르면, 모든 일은 하나님으로부터 시작되었습니다. 하와를 주신 이도, 그녀와 함께 있게 하신 이도 하나님이셨습니다.

이는 범죄의 제1원인자는 하와이고, 제2원인자는 하나님이시라는 의미입니다. 자신은 단지 그 일에 휘말린 사람이라는 뜻입니다. 이것은 피해자 코스프레입니다. 그러나 아담의 변명에는 한 가지가 빠져 있습니다. 아담 자신의 책임입니다.

아담은 정말 그 범죄에 있어 피해자일 뿐일까요? 그렇지 않습니다. 오히려 성경은 죄가 들어온 제1원인자로 아담을 지목합니다(고전 15:22). 아담의 범죄 때문에 같은 죄를 짓지 아니한 자들에게까지도 사망이 왕 노릇 하게 되었다고 말합니다(롬 5:14).

아담과 하와는 둘 다 자기 욕심에 이끌려 미혹을 받았습니다. 하나님의 통제를 벗어나고 싶었습니다. 하나님과 같이 되고자 했습니다(창 3:5). 자기 뜻을 따라 그 악한 의지에 굴복한 것입니다. 스스로 욕심에 이끌려 하나님을 버리고 죄의 유혹에 넘어간 것입니다.

원래 그 나무에 대한 명령은 아담에게 주어졌습니다. 하와가 창조되기도 전의 일입니다. "선악을 알게 하는 나무의 열매는 먹지 말라 네가 먹는 날에는 반드시 죽으리라 하시니라"(창 2:17). 어찌 아담이 이 범죄의 당사

자가 아니겠습니까?(고전 15:21-22)[75]

## 욕심에 이끌리는 이유

시험의 때는 사탄에게 수확의 계절입니다. 사람의 욕심으로 뿌린 씨를 사탄이 범죄로 거두는 시기입니다. 시험을 만나면 욕심에 이끌리기 쉽습니다. 이유는 다음과 같습니다.

첫째로, 하나님의 임재(臨在) 의식에서 멀어지기 때문입니다(시 10:1). 하나님 앞에서 산다는 확신이 사라졌기 때문입니다. 시험에 들었을 때 정서적인 특징이 있습니다. 그것은 자신감, 아니면 외로움입니다. 전자는 하나님 없이 사는 씩씩함이고, 후자는 사람 없이 살 수 없는 고립감입니다.

시험의 상태는 그 사람을 외롭게 만듭니다. 때로는 도울 자가 끊어진 것 같은 고립감에 빠져들게 합니다(욥 30:13). 세상 즐거움에 바쁠 때에는 잊어버리고 살지만, 자기 자신으로 돌아오고 나면 외로움을 느낍니다. 하나님과의 친밀함이 사라지고 삶의 의미는 찾을 수 없으니, 마음에는 공허함만 남습니다.

은혜의 정서는 사라지고 육욕(肉慾)의 정서가 깃듭니다. 은혜의 정서는 세속적 외로움을 몰아냅니다. 경건하게 하며, 하나님께 집중하게 합니다. 그러나 하나님의 임재 의식에서 멀어진 신자는 쉽게 상처받습니다. 사람들에게 소외감을 느끼기 전에, 이미 하나님과의 거리감이 있습니다. 하나님의 임재 앞에 사는 의식을 잃어버리기 때문입니다.

---

75) "사망이 한 사람으로 말미암았으니 죽은 자의 부활도 한 사람으로 말미암는도다 아담 안에서 모든 사람이 죽은 것 같이 그리스도 안에서 모든 사람이 삶을 얻으리라"(고전 15:21-22).

둘째로, 은혜(恩惠)가 소진되었기 때문입니다(시 40:12). 하나님께서는 감당할 만한 시험을 허락하십니다(고전 10:13). 이는 시험을 당하는 자에게는 극복할 은혜도 예비하신다는 뜻입니다.

시험에서 지는 것은 시험이 강해서가 아니라 은혜가 약하기 때문입니다. 죄와 부주의함으로 은혜가 소진되었기 때문입니다.

시험에서 이기고 싶으십니까? 시험보다 큰 은혜를 받으십시오. 간절한 기도로 매달리십시오. 평소에도 죄를 이기고 새롭게 하는 은혜 없이 살 수 없는데, 시험의 때에는 얼마나 더 그러하겠습니까?

시험에 든 뚜렷한 조짐이 있습니다. 예배의 감격이 사라지는 것입니다. 말씀의 감화가 없으니 어찌 열렬히 기도할 수 있겠습니까? 열렬히 기도할 수 없는데, 어찌 죄를 이길 수 있겠습니까? 죄를 이기지 못하는데 어찌 시험에서 벗어날 수 있겠습니까?

인생의 벼랑 끝에 설지라도, 하나님을 만나는 예배의 감격이 있다면 이길 수 있습니다. 깨달은 말씀이 있다면 마음을 지킬 수 있고, 받은 은혜가 있다면 시험을 이길 수 있습니다.

## 욕심에 이끌려 미혹되다

마음이 욕심에 이끌리면 생각은 궤도에서 이탈됩니다. 주님의 말씀보다 자신의 판단이 낫다고 생각합니다. 자기 뜻대로 하려고 합니다.

죄는 마음에 들어오자마자 생각을 교란시켜 죄를 죄로 인식하지 못하게 합니다. 이때 마음의 정서는 죄에 친화적이 됩니다.

오직 각 사람이 시험을 받는 것은 자기 욕심에 끌려 미혹됨이니(약 1:14).[76]

"철썩, 푸드득, 풍덩······."

생전 처음 낚아보는 물고기였습니다. 초등학교 시절, 낚싯대를 메고 몇 차례 강에 나간 적은 있지만, 물고기는 한 번도 낚아 보지 못했습니다.

생애 최초로 낚시에 성공하게 해 주겠다는 고수의 말에 그를 따라나섰습니다. 커다란 호수에 다다르자, 차에서 큰 고무 튜브를 꺼내 공기를 주입했습니다. 금세 작은 모터가 달린 2인용 보트가 되었습니다.

호수 한가운데 이르러 준비해 온 낚싯줄을 던졌습니다. 크고 힘차게 펄떡이는 송어의 손맛에 전율이 느껴졌습니다. 큰 것 세 마리를 잡았는데, 모두 풀어 주었습니다.

낚시가 끝난 후 고수의 설명이 있었습니다. 미끼를 대하는 태도에 따라 물고기를 네 종류로 나눈답니다. 첫째로, 아무 관심 없이 지나가는 녀석들입니다. 둘째로, 한두 번 툭툭 건드려 보고는 제 갈 길을 가는 녀석들입니다. 셋째로, 미끼를 건드려 보면서 그 주위를 빙빙 도는 녀석들입니다. 넷째로, 한 번에 덥석 물어버리는 녀석들입니다. 앞의 두 종류는 잡을 수 없는 물고기들이고, 뒤의 두 종류는 못 잡을 리 없는 물고기랍니다.

죄는 미끼처럼 정체를 감춘 채 우리가 지나는 길목에 드리워집니다. 친

---

[76] '끌리다'에 해당하는 헬라어는 엑셀코($\epsilon\xi\epsilon\lambda\kappa\omega$)이고, '미혹되다'에 해당하는 헬라어는 델레아조($\delta\epsilon\lambda\epsilon\alpha\zeta\omega$)다. 모두 유인하고 유혹하는 동작을 가리킨다. William Arndt et al., *A Greek-English Lexicon of the New Testament and Other Early Christian Literature* (Chicago: University of Chicago Press, 2000), 217, 347; 요한 크리소스톰을 비롯한 헬라 교부들도 이와 거의 같은 의미로 사용했다. G. W. H. Lampem, ed., *A Patristic Greek Lexicon* (Oxford: Clarendon Press, 2012), 337, 495.

근한 얼굴을 하고 정서가 죄를 죄로 여기지 않을 때까지 기다립니다. 이 것이 죄의 미혹입니다.

아담과 하와가 범죄했을 때를 생각해 보십시오. 사탄이 묻습니다. "……하나님이 참으로 너희에게 동산 모든 나무의 열매를 먹지 말라 하시 더냐"(창 3:1). 이에 하와가 대답합니다.

"동산 중앙에 있는 나무의 열매는 하나님의 말씀에 너희는 먹지도 말고 만지지도 말라 너희가 죽을까 하노라 하셨느니라"(창 3:3).

하와의 생각이 본궤도를 이탈했습니다. 하나님이 언제 그런 말씀을 하셨습니까? 그녀는 하나님의 말씀을 구부러뜨렸습니다. 욕망이 그렇게 만든 것입니다. 그래서 죄를 있는 그대로 여기지 않게 되었습니다.

하와의 정서는 더욱 힘을 얻게 되었습니다. 마음이 요동치기 시작합니다. 그 열매를 먹고 싶은 욕망이 힘을 얻은 것입니다. 이윽고 그것을 먹지 않으면 안 될 것 같은 상태에 이르게 되었습니다.

"여자가 그 나무를 본즉 먹음직도 하고 보암직도 하고 지혜롭게 할 만큼 탐스럽기도 한 나무인지라……"(창 3:6).

하와와 반대되는 경우를 요셉에게서 봅니다. 보디발의 아내가 날마다 동침하기를 청했습니다(창 39:10). 그때 요셉의 결단을 보십시오. "……그 런즉 내가 어찌 이 큰 악을 행하여 하나님께 죄를 지으리이까"(창 39:9).

그는 보디발의 아내와 같이 있지도 않았습니다(창 39:10). 생각과 정서를 바른 곳에 두었습니다. 마음은 하나님의 임재를 의식하고 있었습니다. 생각이 욕심 때문에 바른 궤도를 이탈하지 않았습니다. 정서가 미혹되어 죄의 욕망에 사로잡히지도 않았습니다.

요셉은 하나님과 주인 앞에서 자신의 의무에 대해 명료하게 생각했습니다. 죄를 죄로서 바르게 판단했습니다. 그는 시험을 이겼습니다.

그가 만약 하나님이 자신을 애굽에 버리셨다고 믿었다면 어떻게 되었을까요? 지친 종살이에 이런 기쁨 정도는 필요할지도 모른다고 생각했다면 어찌 되었을까요? 과연 유혹을 이길 수 있었을까요?

## 경건생활을 회복하라

시험 든 상태에 머무는 것은 위험합니다. 마음에 죄가 침투할 기회를 주는 것이기 때문입니다. 은혜가 사라지면 잠복했던 죄의 성향이 고개를 들기 시작합니다. 가끔 회개도 하고 찬양을 해도 위험성은 커져만 갑니다. 아궁이에서 옮겨 붙은 불꽃이 화재로 번지듯 말입니다.

시험을 당하는 신자에게 하나님이 원하시는 바가 있습니다. 시험을 이기고 온전한 성도가 되는 것입니다. 사탄이 원하는 것도 있습니다. 시험에 빠져 비참한 죄인이 되는 것입니다.

사탄은 우리가 시험을 만나는 때를 압니다. 그때를 놓치지 않고 집중적으로 공격합니다. 은혜에서 멀어지는데 유혹은 잦아지고 욕망은 더욱 번성합니다.

시험의 때에 유혹받지 않도록 주의하십시오. 당한 시험보다 더 큰 은혜를 받으십시오. 시험의 때일수록 하나님을 의지하십시오. 죄를 이기는 성령의 역사를 사모하십시오.

시험을 만났을 때 제일 먼저 해야 할 일이 있습니다. 경건생활을 점검하는 것입니다. 경건의 능력을 확인하는 것입니다. 약해져 있다면 먼저 경건생활을 회복해야 합니다.

경건생활의 형식부터 복원하십시오. 너무 높은 기준을 세우지 마십시오. 자신이 실천할 수 있는 바를 정하십시오. 예배 참석과 성경 읽기, 정해진 시간에 기도하기 등을 결심하십시오.

예배 시간에 폭포수 같은 은혜를 주시는 것은 하나님의 일입니다. 그렇지만 예배에 참석하겠다는 결심은 자신이 해야 하지 않겠습니까? 그러고 나서야 하나님 만나는 감격을 달라고 기도할 수 있지 않겠습니까?

마음을 쏟아 경건을 실천하십시오. 하나님의 은혜를 구하십시오. 도무지 기도할 수 없다면, 하나님께 편지를 쓰십시오. 그러고 나서 무릎을 꿇고 소리 내어 읽어 올리십시오. 마음을 담아 두 번, 세 번, 읽어 올리십시오. 기도의 문이 열리기 시작할 것입니다.

성경을 한 장 읽기도 힘들다면 반 장이라도 읽기를 시작하십시오. 분량과 시간을 정하십시오. 은혜 받은 지체들과 교제하십시오. 찬양으로 하루를 시작하십시오. 할 수 없는 것은 못 할지라도, 할 수 있는 것을 하십시오. 포기하지 마십시오. 그것이 당신이 사는 길입니다.

기도를 해도 차가운 마음입니까? 살아온 지난날을 반성하십시오. 하나님의 침묵은 그분의 웅변입니다. 거기엔 수많은 언어가 담겨 있습니다. 하나님의 침묵을 자신에 대한 성찰의 기회로 삼으십시오.

하나님은 이런 믿음을 소중히 보십니다. 시험을 만난 우리가 얼마나 연약한지를 아시기 때문입니다. 그것은 큰 믿음으로 활활 타오르기 위한 불쏘시개입니다.

하나님은 경건생활을 회복하려는 마음을 가상히 여기십니다. 결코 포기하지 마십시오. 그 실천에 대해 넘치도록 보상해 주실 것입니다.

## 맺는말

시험에 빠지는 것은 인생의 큰 낭비입니다. 하나님 앞에 살아야 하는 인생을 일시정지시키기 때문입니다.

삶의 진전은 없고 시간은 흘러갑니다. 인생의 많은 날들이 도적질 당합니다. 보람 있게 살아야 할 마음이 갈 길을 잃습니다.

우리가 그렇게 살아야 할 이유가 무엇입니까? 우리에게는 새로운 삶이 약속되어 있지 않습니까? 이미 그리스도 안에서 새로운 피조물이 되었습니다(고후 5:17). 새로운 삶이 기다리고 있는데 왜 그렇게 살아야 합니까?

죄의 완고함으로 인생을 낭비할 시간이 없습니다. 주님을 기쁘시게 하며 살기에도 시간이 모자랍니다. 하나님 사랑 안에서 불꽃처럼 타오를 시간밖에 없습니다.

인생은, 우는 사자와 같은 사탄의 소리와 천국 성도들의 박수 소리가 함께 들리는 경기장입니다. 시험의 때입니까? 정신을 차리십시오. 시험을 이기십시오. 마음을 다해 하나님을 찾는 한, 죄가 주인 노릇할 수 없습니다(롬 6:14).[77]

결단하십시오. 두려움으로 패배자가 되겠습니까, 끝까지 참고 싸워 이기는 자가 되겠습니까?

---

[77] 신자는 죄를 단번에 용서받은 자이고, 생명과 성령의 법으로 죄와 사망의 법에서 해방된 사람이다. 물론 신자 안에도 죄가 있다. 하지만 신자에게는 생명의 성령의 법이 있다. 그래서 신자는 죄 아래 있지 않고 하나님의 은혜 아래 있다. 그는 은혜의 통치를 받으며 살아간다. 김남준, 『죄와 은혜의 지배』(서울: 생명의말씀사, 2005), 30-31을 참고할 것.

> 한눈에 보는 9장

I. 시험과 범죄

　범죄하는 이유는 욕심에 이끌려 미혹되기 때문이다.
　욕심으로 번역된 단어의 의미는 다음과 같다.
　좁게는, 쾌락을 추구하는 감각적 욕구나 그릇된 성적 욕망이다.
　넓게는, 하나님 질서를 벗어나 자기를 주인 삼은 욕망이다.
　이 욕심이 시험을 만난 성도를 범죄로 몰아간다.


II. 욕심에 이끌리는 이유

　욕심에 이끌리는 이유는 다음과 같다.
　첫째로, 하나님의 임재 의식에서 멀어졌기 때문이다.
　둘째로, 은혜의 힘이 소진되었기 때문이다.


III. 죄의 미혹

　욕심에 이끌리면 생각이 바른 궤도를 이탈하게 된다.
　하나님의 말씀보다 자기의 판단을 더 우위에 놓는다.
　그러면 죄를 죄로 여기지 못하게 된다.
　그때 정서는 죄에 친화적이 된다. 이것이 죄의 미혹이다.


IV. 경건생활을 회복하라

　유혹받지 않기 위해서는 경건생활을 회복해야 한다.
　경건생활의 의미는 다음과 같다.
　넓은 의미는, 신자가 하나님 앞에 살아가는 모든 삶이다.
　좁은 의미는, 하나님과의 영적 교제다.
　시험의 때에 경건생활을 점검하라. 회복하라.

제10장

# 유혹과 죄의 계획

―✦―

욕심이 잉태할 때에 그것이 (나중에) 죄를 낳고,
죄가 장성할 때에 그것이 사망을 낳는다.

εἶτα ἡ ἐπιθυμία συλλαβοῦσα
τίκτει ἁμαρτίαν, ἡ δὲ ἁμαρτία
ἀποτελεσθεῖσα ἀποκύει θάνατον.

**야고보서 1장 15절, KNJ 私譯**

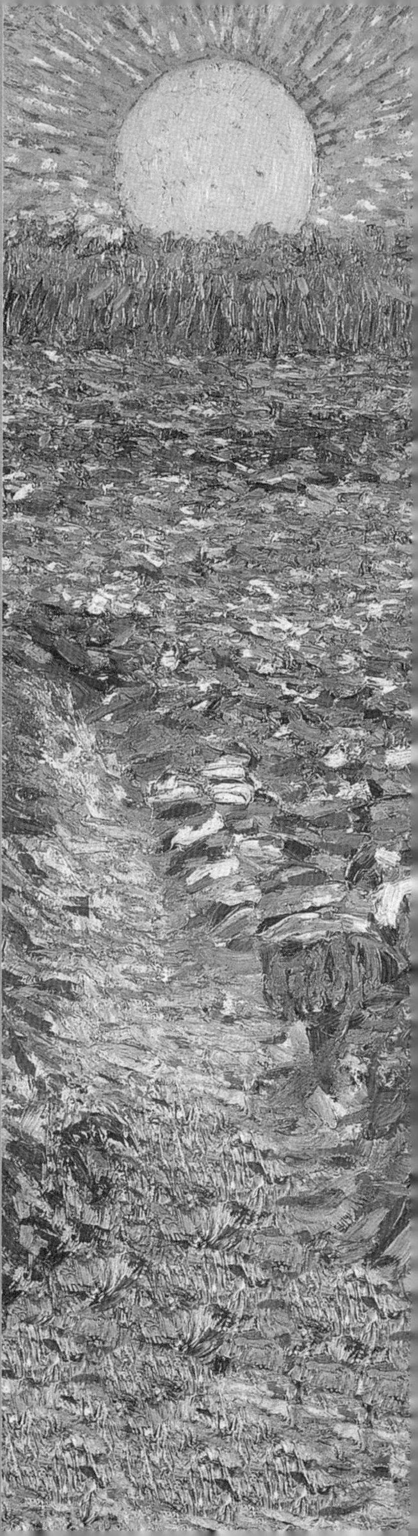

"사각 사각, 휘이익……."

외딴 산속에 겨울바람이 차갑습니다. 몇 사람이 카메라와 조명용 반사판을 들고 숲길을 걸어갑니다. 바싹 마른 나뭇잎들이 발걸음에 스치는 소리가 유난히 크게 들립니다.

어린 멧돼지 한 마리가 쓰러져 있습니다. 뺨에 흐른 눈물은 겨울바람에 얼어버렸습니다. 발목이 덫에 걸렸습니다. 차디차게 얼어버린 멧돼지 사체의 발목이 클로즈업됩니다. 뼈가 하얗게 드러나도록 패였습니다. 날카로운 덫이 매우 쓰라렸을 텐데, 거기서 벗어나려고 고통 속에서 죽기 직전까지 몸부림친 것입니다.

TV를 껐습니다. 시험에 든 교인들이 생각났습니다. "그래, 자기 힘으로 못 벗어나는구나!" 그들을 위해 기도하지 않을 수 없었습니다.

인생길을 살펴보십시오. 잘 걸리는 덫이 있습니다. 어떤 사람은 명예의 덫에 잘 걸리는가 하면, 어떤 사람은 물욕의 낚싯바늘에 쉽게 걸립니다.

여우는 같은 덫에 두 번 걸리지 않지만 사람은 걸립니다. 한 번 걸린 덫은 쉽게 놓아주지 않습니다. 시간이 저절로 해결해 주는 덫은 없습니다. 유혹은 정신적인 덫이기에, 걸리면 그 사람의 내면에 흔적을 남깁니다. 마음에 큰 영향력을 행사하여 잘못된 삶을 살게 합니다.

시험도 당하는 것이 끝이 아닙니다. 더 큰일을 위한 시작일 뿐입니다. 신자로 하여금 더 큰 죄를, 더 쉽게 짓게 합니다. 그러나 거기도 끝이 아닙니다. 죄는 더 큰 계획을 가지고 있습니다. 단지 한순간 죄를 짓게 하는 것이 아니라, 죄의 노예로 살게 하는 것입니다(시 19:13).

## 은혜와 죄의 유사성

시험을 이기는 은혜는 간구하는 자에게 주어집니다. 공로 때문에 받는 것이라면 은혜가 아닐 것입니다. 은혜는 값없이 주어집니다. 그런데 은혜 받을 사람에게는 그럴 조짐이 있습니다.

그는 어떤 계기로 자신의 곤고함을 보게 됩니다. 일상화된 신앙생활에 회의를 품습니다. 행복하지 않다고 느낍니다. 이윽고 그런 삶으로는 충분하지 않다는 판단을 내립니다. 같은 문제에 발목 잡히는 자기 자신을 보기 때문입니다. 그때 마음의 시선은 하나님을 향하게 됩니다.

전에는 주님을 떠나서 잘 살았습니다. 그런데 그런 삶이 힘겹게 느껴집니다. 새로운 삶을 살고 싶은 욕구가 생깁니다. 하나님을 의지하고 싶습니다. 이것이 은혜에 대한 갈망으로 이어집니다.

이제 거짓 행복이나 유사 행복에 넌더리가 납니다. 속임수라는 것을 알았기 때문입니다. 영혼은 말라깽이가 되어 버렸고 마음은 어둠 속을 헤맵니다. 진정한 행복을 찾고 싶습니다.

믿음으로 살지 않은 것이 불행의 원인임을 알게 됩니다. 자신이 시험의 상태에 있음을 자각한 것입니다. 그러나 스스로 거기에서 벗어날 수 없음을 깨닫습니다. 이때 필요한 것이 정신의 집중입니다.

"우와, 종이가 탄다!"

변변한 장난감도 없던 시절이었습니다. 아이들은 옹기종기 모여 할아버지의 돋보기를 가지고 놀았습니다. 큼지막한 돋보기 렌즈 말입니다. 양지바른 처마 아래 일렬로 서자, 한 아이가 돋보기를 꺼내 빛을 모읍니다. 이리저리 움직여 작은 초점을 먹지 위에 떨어뜨립니다. 돋보기를 든 채 가만히 한참을 기다립니다. 햇빛이 한 점으로 모입니다. 드디어 연기가 피어오르고, 종이가 타기 시작합니다.

하나님 생각에 마음의 초점을 맞추십시오. 그것을 삶을 보는 관점으로 삼으십시오. 은혜를 사모하는 사람은 새로운 시각(視角)을 갖습니다. 하나님과 사랑으로 하나 되기를 간절히 원합니다. 이것이 가난한 마음입니다(마 5:3). 하나님께만 소망을 두고 사랑의 연합을 추구하는 마음, 이것이 은혜 받을 조짐입니다.

죄가 마음에 들어오는 것도 이와 같습니다. 은혜와 마찬가지로, 죄도 준비된 마음에 찾아옵니다. 죄에 빠지기 전 마음이 먼저 잘 준비됩니다. 죄가 들어와 편안히 자리를 잡을 수 있도록 말입니다.

본문은 신자의 마음이 어떻게 죄에 준비되는지를, 그리고 죄가 궁극적으로 바라는 목표가 무엇인지를 보여줍니다.

### 잉태하다의 의미

전도지에 자주 실리던 성경 구절이 있습니다. 어떻게 죄인이 심판에 이르게 되는지 보여주는 증거 구절입니다. 곧 욕심에서 죄로, 죄에서 사망으로 가게 됩니다.

> 욕심이 잉태한즉 죄를 낳고 죄가 장성한즉 사망을 낳느니라(약 1:15).

새들이 머리 위에 날아다니는 것을 막을 수는 없습니다. 그것은 우리의 책임이 아닙니다. 그러나 새가 머리 위에 둥지를 트는 것은 우리의 동의 없이 불가능합니다. 그것은 우리의 책임입니다.

하루에도 수만 가지 생각이 머릿속에 떠오릅니다. 어떤 사람들은 마음에 떠오르는 나쁜 생각 때문에 자기 영혼이 더러워졌다고 합니다. 그러나 생각이 떠올랐다고 해서 죄를 지은 것은 아닙니다.

"왜 나는 이렇게 가난하게 살까?"

하나님이 내게는 복을 주지 않으신다고 생각할 수 있습니다. 돈이 많으면 좋겠다고 생각할 수 있습니다. 그런 생각은 죄가 아닙니다. 그러다가 "이 세상이나 세상에 있는 것들을 사랑치 말라"(요일 2:15)는 말씀을 들으며 정신을 차립니다. 자기 소망이 하나님께 있음을 고백합니다. 그런 잡다한 생각들은 곧 사라집니다. 이것은 욕심을 잉태하는 것이 아닙니다.

잉태하는 것은 죄스런 생각을 붙드는 것입니다. 마음에 수태하는 것입니다. 의지적으로 그 생각을 붙잡고 마음에 품는 것입니다. 그것은 욕심이 뿌리를 내리게 하는 것입니다. 이때 욕망이 주는 생각이 마음에 착상됩니다. 수정란이 자궁에 착상되듯이 욕망이 마음을 태반 삼아 죄가 자랄 근거를 마련합니다. 이것이 잉태하는 것입니다.

아이를 잉태하여 만삭이 되면 출산하게 됩니다. 욕심을 잉태하고 때가 차면 죄를 낳게 됩니다. 잉태와 출산은 필연적인 연관이 있습니다. 잉태가 없으면 출산이 없고, 출산했으면 언젠가 잉태된 것입니다. 그 사이에 자궁 속에서 아이가 자라는 일이 있습니다.

한 여성이 아이를 갖는 과정을 보십시오. 수정란이 자궁에 착상되는 순간을 인지하지는 못합니다. 그러나 착상된 그것은 모태와 생명적 연결을 갖습니다. 한 몸처럼 여김을 받으며 자랍니다. 그녀는 일정 기간이 흐른 후에야 비로소 본인이 아이를 가졌음을 알게 됩니다.

죄도 이런 식으로 잉태됩니다. 처음에는 몰랐습니다. 그냥 스쳐가는 욕망인 줄 알았습니다. 그런데 의지가 욕망을 붙잡았습니다. 욕망이 마음의 사랑을 받으며 점점 자라다가 드디어 자신의 실체를 드러냅니다. 마음뿐 아니라 삶을 주관하면서 죄의 힘이 강해집니다.

잉태된 욕심은 시간이 흐를수록 점점 제어하기 어려워집니다. 그런데도 지성은 그릇된 욕망을 경계하지 않습니다. 마음 안에서만 일어날 뿐이니 언제라도 마음대로 할 수 있을 것이라고 생각합니다. 그러나 욕망이 잉태되면 유산되지 않는 한, 결국 죄를 낳게 됩니다.

### 출산된 죄

"으아아앙……."

분만실에서 아기 울음이 들립니다. 이제 막 태어났나 봅니다. 임부(妊婦)가 아기를 낳는 일은 참 신비합니다. 어떻게 몸 속에 있던 그 큰 아기가 밖으로 나올 수 있을까요? 거기에는 인체의 비밀이 있습니다.

임부가 해산할 때가 되면 진통이 옵니다. 아기는 몸 밖으로 나가기 위해 준비 자세를 갖추고, 이를 위해 임부의 몸은 열립니다. 반사 신경이 작용합니다. 아기를 밖으로 밀어내도록, 하복부에 비상한 힘이 반복해서 들어갑니다. 반사적으로 일어나는 일입니다. 이렇게 해서 배의 근육은 엄청난 힘으로 아기를 밀어냅니다. 드디어 어느 순간 아기는 엄마 몸 밖으로 쑥 나오게 됩니다.

마음에 품은 욕망도 그렇습니다. 잉태된 아이처럼 자랍니다. 마음의 죄는 점점 자라며 산출할 때를 기다립니다. 그러다가 적절한 시험의 때를 만나면 마음은 죄를 태어나게 하고자 힘을 씁니다. 마음의 정신에 비상한 집중과 힘이 가해집니다. 욕망은 생각을 지배하고 생각은 의지의 동의를 조릅니다. 결국 죄가 실행됩니다.

다윗의 범죄를 보십시오(삼하 11장). 다윗이 우리아의 아내 밧세바를 범합니다. 비열한 방법으로 우리아를 죽입니다. 자신의 범죄를 숨기려고 말입니다. 그토록 순결하게 하나님을 찾던 사람이 어떻게 그런 죄를 지을 수 있었을까요?

다윗의 마음은 왕국의 번영과 함께 부유해지고 있었습니다. 그는 하나님만 바라보던 가난한 마음에서 떠났습니다. 죄에 항거하던 은혜가 사라지고 있었습니다. 그와 반비례해서 육체의 욕망은 자라났습니다. 하나님보다 죄를 기뻐하는 마음이 힘을 얻고 있었습니다.

그러던 어느 순간, 죄를 지을 적합한 환경이 그의 욕망과 만났습니다. 그리고 그 일이 일어난 것입니다. 이 모든 일은 한순간의 시선에서 시작되었습니다. 그 여자가 매우 아름답게 보였습니다(삼하 11:2). 죄의 욕망이 다윗의 정서를 붙잡은 것입니다.

다윗은 그녀를 차지하기 위해 갖은 수고를 합니다. 다른 사람들의 시선은 아랑곳하지도 않습니다(삼하 11:3-4). 이는 그의 욕망이 얼마나 컸는지를 보여줍니다.

그에게는 왕비와 많은 후궁들이 있었지만 다 필요 없었습니다(삼하 12:8). 오직 밧세바만 눈에 들어왔습니다. 결국 그녀를 범하고 말았습니다. 이로써 다윗은 가혹하리만치 긴 세월을 영혼의 어둠과 고통 속에서 보내야 했습니다. 뼈아픈 하나님의 평가가 있었습니다. "다윗이 행한 그 일이 여호와 보시기에 악하였더라"(삼하 11:27).

성경은 죄를 "법"이라고 말합니다(롬 7:23, 25). 이것은 공표된 법이 아니라, 인간 본성 안에 있는 성향(性向)의 법을 가리킵니다. 이는 게으른 사람이 게으름의 본성을 어기지 못하는 것과 같습니다. 죄는 자기를 낳은 사람을 죄의 법 아래로 끌고 갑니다. 그 사람 안에서 점점 더 강한 내적 힘을 형성합니다.[78]

죄의 궁극적인 목표는 우리가 하나님께 지속적으로 반역하며 살게 하려는 것입니다. 거짓된 행복을 좇다가 참된 행복에서 멀어지게 하려는 것입니다. 잉태된 죄는 또 다른 죄를 품게 하고, 결국은 그 죄를 모두 산출할 것입니다. 어떤 조치가 취해지지 않는다면 말입니다.

태어난 죄들은 서로 합동작전을 펼쳐서 삶을 파괴합니다. 하나님과의 관계를 모두 망가뜨려 불화한 삶을 살게 합니다. 이것은 하나님께서 우리를 창조하고 구원하신 목적과 정반대가 되는 것입니다.

### 사망, 죄의 결과

욕심이 잉태하면 죄를 낳고 태어난 죄는 성장합니다. 자라나는 죄의 목표는 자기를 낳은 사람을 지배하는 것입니다. 그렇게 죄의 지배를 받게 된 신자에게 주어지는 것은 사망(死亡)입니다.

> ……죄가 장성한즉 사망을 낳느니라(약 1:15).

이 사망은 두 가지로 해석됩니다. 미래에 받게 될 형벌인 죽음과 현재에 경험하는 영혼의 죽음입니다.

---

[78] 이런 경험에 대해 사도 바울은 말한다. "내 지체 속에서 한 다른 법이 내 마음의 법과 싸워 내 지체 속에 있는 죄의 법으로 나를 사로잡는 것을 보는도다"(롬 7:23).

첫째로, 세상 끝날에 받을 영원한 형벌(刑罰)입니다. 육체의 죽음은 믿는 자나 믿지 않는 자나 피할 수 없습니다(히 9:27). 태어난 모든 사람은 죽습니다. 그러나 마지막 날, 신자는 영원한 생명을, 불신자는 형벌을 받게 될 것입니다. 이 영원한 형벌이 "둘째 사망"입니다(계 20:14).

둘째로, 신자가 현재적으로 경험하는 영혼(靈魂)의 죽음입니다.[79] 영적으로 죽은 자처럼 살게 되는 것입니다(계 3:1). 신자의 행복은 하나님의 충만한 생명을 누리는 데 있습니다. 그러나 죄가 장성하게 된 신자는 영적 생명의 활기를 상실한 채 살아갑니다. 그래서 실제적으로 불신자와 다름없는 삶을 살 수도 있습니다.

하나님의 자녀에게는 정죄함이 없습니다(롬 8:1). 생명과 성령의 법이 죄와 사망에서 그들을 해방시켰습니다(롬 8:2). 그러나 시험을 받으면, 영적 생명의 작용은 쇠약해질 수 있습니다. 일시적으로 멈출 수도 있습니다. 이렇게 되면 현재적으로 그 생명을 온전히 누리지 못하게 되는 것입니다.

죄 가운데 있는 사람은 하나님과의 교제에서 멀어지고, 영적 생명을 공급받지 못하게 됩니다. 이렇게 죄는 영혼의 생명을 앗아갑니다. 결국 그 사람은 죽은 자처럼 살게 됩니다.

신자의 영혼이 죽은 자처럼 되었을 때 그는 어둠의 일들을 행하며 살아갑니다(롬 13:12). 그 일들에는 하나님이 기뻐하실 열매가 없습니다. 그래

---

[79] 영적 생명과 죽음에 관한 더 자세한 사항은 다음을 참조할 것. John Owen, *A Discourse Concerning the Holy Spirit*, in *The Works of John Owen*, vol. 3, ed. William H. Goold (Edinburgh: The Banner of Truth Trust, 1994), 282-297; John Owen, *The Grace and Duty of Being Spirituality Minded*, in *The Works of John Owen*, vol. 7, ed. William H. Goold (Edinburgh: The Banner of Truth Trust, 1988), 488-489; John Owen, *The Mortification of Sin*, in *The Works of John Owen*, vol. 6, ed. William H. Goold (Edinburgh: The Banner of Truth Trust, 1991), 9.

서 그것은 "열매 없는 어둠"의 일입니다(엡 5:11).

영혼이 죽은 자처럼 되면 기도할 수 없습니다. 말씀을 들어도 깨닫는 바가 없습니다. 참회하는 눈물도 없습니다. 두려움은 있지만 죄 짓기를 무서워하지 않습니다. 행복하고 싶지만 경건하게 살기는 싫습니다.

손 닿는 일마다 악화됩니다. 거룩한 일을 해도 목표가 세속적으로 바뀝니다. 영적으로 거의 죽어 있기에 그는 죽음의 행실을 쏟아내며 살아갑니다(히 6:1). 이것이 어찌 신자의 삶이라 할 수 있겠습니까?

죄는 하나님의 자녀이면서도 세상의 자녀처럼 살게 합니다. "진노의 자녀"처럼 살게 합니다(엡 2:3). 하나님의 백성이면서도 사탄의 나라에 이바지하며 살게 합니다.

신분과 상태의 모순 속에서 이율배반의 삶을 살아가는데 어찌 행복할 수 있겠습니까? 이것이 신자의 영혼이 현재적으로 경험하게 되는 사망이니, 영적 생명의 현저한 결핍입니다.

## 맺는말

죄를 짓는 것은 하나님 때문이 아닙니다. 스스로 욕심에 이끌려 미혹되기 때문입니다. 욕심 때문에 미혹되어 죄에 빠지게 되고, 그 죄가 자라서 영혼의 생명을 앗아갑니다.

얼마나 긴 세월 동안 시험 속에서 살았습니까? 얼마나 오랫동안 하나님과의 평화를 잃어버렸습니까? 얼마나 자주 미끄러지고 또 미끄러졌습니까? 얼마나 많이 고통스러웠습니까? 앞으로 얼마나 더 많은 인생을 낭비해야 할까요?

시험 속에서 지혜를 구하십시오. 진리의 빛으로 영혼의 어둠에서 벗어나십시오. 시험을 이기고 은혜 안에 살아가십시오. 이를 위해 하나님께 매달리십시오.

인생은 소중합니다. 시험에 든 채 죽은 자처럼 살다가 인생의 막을 내리지 마십시오. 진리의 빛으로 돌아오십시오. 풍성한 삶으로 돌아오십시오. 죽은 영혼으로 살기에 당신의 인생은 너무나 소중합니다.

### 한눈에 보는 10장

I. 시험과 죄

　사탄은 시험을 이용해 신자가 죄를 짓게 한다.
　죄의 지배 아래 살도록, 죄의 노예로 살게 한다.
　그런데 죄는 욕심과 관련이 있다.


II. 잉태된 욕심

　욕심이 잉태되면 죄를 낳게 된다.
　'잉태'는 의지적으로 그 생각을 붙잡고 있는 것을 가리킨다.
　스쳐가는 죄스런 생각을 마음으로 붙들고 즐기는 것이다.
　죄가 잉태되면, 마음에서 뿌리를 내려 자라게 된다.


III. 출산된 죄의 결과, 사망

　잉태된 욕심은 산출의 기회를 노린다. 죄를 실행하려고 한다.
　태어난 죄는 신자를 지배하려 한다. 죄의 법 아래로 끌고 간다.
　그러면 사망을 낳게 된다. 사망은 다음을 말한다.
　첫째로, 세상 끝날에 받을 영원한 형벌이다.
　둘째로, 신자가 현재적으로 경험하는 영혼의 죽음이다.
　신자에게는 둘째 사망이 없다.
　그렇지만 이 땅에서 영혼의 죽음은 경험할 수 있다.
　그리스도의 생명을 공급받지 못하며 살아갈 수 있다.


IV. 시험에서 벗어나라

　영혼이 죽으면 하나님을 반역하며 살게 된다.
　거짓된 행복을 좇다가 참된 행복에서 멀어지게 된다.
　영혼이 죽은 자처럼 살지 말라.
　그러기에 당신의 인생은 너무 소중하다.

제11장

# 불변하는 하나님의 선(善)

✧✦✧

나의 사랑하는 형제들이여, 속지 말라.
모든 좋은 은사와 완전한 선물이
모두 위로부터, 빛들의 아버지로부터
내려오나니 그에게는 변함도 없고
회전하는 그림자도 없으시니라.

Μὴ πλανᾶσθε, ἀδελφοί μου ἀγαπητοί.
πᾶσα δόσις ἀγαθὴ καὶ πᾶν δώρημα
τέλειον ἄνωθέν ἐστιν καταβαῖνον ἀπὸ
τοῦ πατρὸς τῶν φώτων, παρ᾽ ᾧ οὐκ ἔνι
παραλλαγὴ ἢ τροπῆς ἀποσκίασμα.

**야고보서 1장 16–17절, KNJ 私譯**

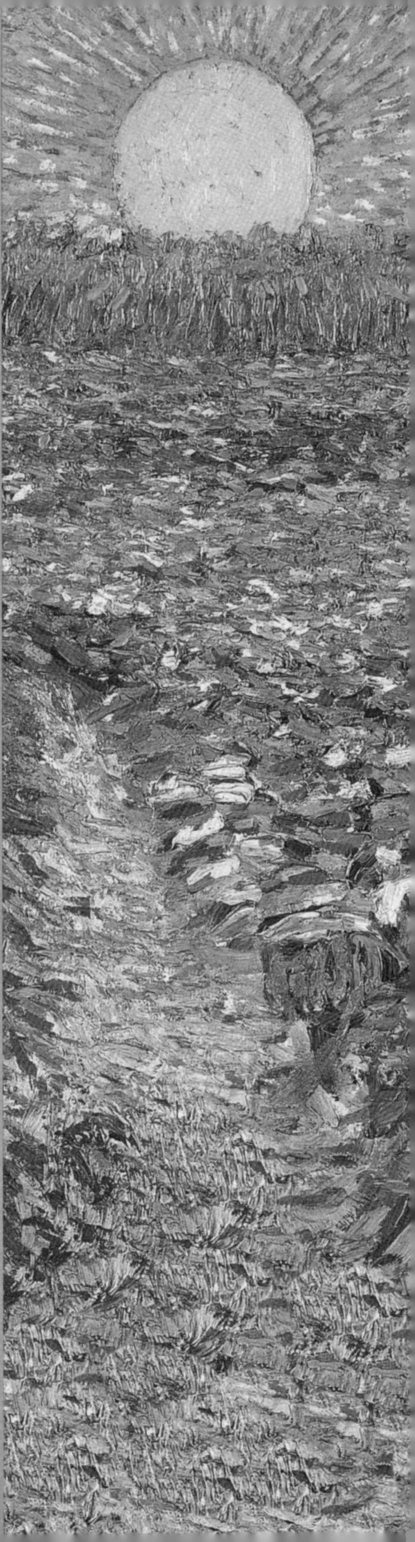

시험에 빠지면, 자신이 버림 받았다는 생각이 듭니다. 심지어 구원받은 사실을 의심하기도 합니다. 그때 하나님에 대한 낯섦(unacquaintedness)과 거리감(alienation)을 경험하기 때문입니다.[80] 낯섦은 친밀로부터의 소외감이고, 거리감은 관계의 소원함입니다.

하나님은 사람을 시험하지 않으십니다(약 1:13). 사람이 자기 욕심에 끌려 시험에 빠진 것입니다. 그런데도 자신을 돌아보며 반성하기보다는 하나님을 원망합니다. 경건하고 질서 있는 삶이 무너지고, 세속적이고 무질서한 삶을 살게 됩니다. 이는 하나님의 선하심과 신실하심을 믿지 않기 때문입니다.

---

[80] John Owen, *Of Communion with God*, in *The Works of John Owen*, vol. 2, ed. William H. Goold (Edinburgh: The Banner of Truth Trust, 1990), 169, 185; *The Mortification of Sin*, in *The Works of John Owen*, vol. 6, ed. William H. Goold (Edinburgh: The Banner of Truth Trust, 1991), 63.

## 속지 말라

눈물 흘리며 기도하다 도둑질하러 가는 사람은 없습니다. 뜨겁게 찬양하다 거짓말하는 사람은 없습니다. 범죄하기 전에는 마음이 먼저 은혜에서 멀어지는 일이 있습니다.

은혜 안에 사는 사람에게는 생각의 질서(秩序)가 있습니다. 그러나 은혜에서 멀어지면 생각이 혼란스러워집니다. 그러면 속기 쉽습니다.

마음은 물과 같습니다. 쉼 없이 흘러가려고 합니다.[81] 은혜에서 멀어질 때 마음은 육체의 욕망을 좇습니다. 욕망이 목표물을 찾으면 생각은 비상하게 집중하고, 욕망은 타오릅니다. 댐에 물이 차듯 특정한 욕망이 증가하고, 이윽고 둑이 터지듯 죄를 실행하게 됩니다.

그래서 바른 생각의 질서가 중요합니다. 그 질서의 그물망을 형성하는 지식의 중요성은 아무리 강조해도 지나치지 않습니다. 지식은 예배보다도 먼저입니다. 모르는 것을 예배할 수 없기 때문입니다(요 4:22).

---

81) 김남준, 『아무도 사랑하고 싶지 않던 밤』 (파주: 김영사, 2020), 167.

내 사랑하는 형제들아 속지 말라(약 1:16).

시험 속에서 얼마나 많이 속았습니까? 회개와 자기 연민을 혼동하기도 했습니다. 참된 회개는 죄를 지었다는 후회뿐만 아니라, 자기를 처벌하는 고통을 동반합니다.[82] 그것은 단지 자신이 불쌍해서 우는 것이 아닙니다. 죄지은 자신이 미워서 우는 것입니다.

회개는 잃어버린 하나님의 영광에 집중하게 하고, 자기 연민은 자기가 입은 상처에 골몰하게 합니다. 자기 연민은 아파하는 자신을 불쌍히 여기게 합니다. 슬픈 기억까지 떠오르면 마음의 비참함은 증가합니다. 그리고 결국 불신앙적 결론에 이르게 됩니다. "하나님은 나를 버리셨다."

이런 슬픔이 가시고 나면 두 가지 감정(感情)이 생깁니다. 속이 시원하다는 해방감과 갈 곳이 없어진 절망감입니다. 전자는 감정적 배설의 효과이고, 후자는 해결책을 찾지 못한 낙심의 효과입니다.

하나님께서 자신을 시험에서 구원해 주실 것이라는 믿음이 사라집니다. 아무런 결단도 내리지 못합니다. 시험에 빠져 욕망을 따라 흐느적거리게 됩니다. 죄에 대해 효과적으로 저항하지 못합니다. 은혜를 갈망하지 않게 됩니다. 이것이 바로 사탄이 바라는 것입니다.

자기 연민은 마음의 비참함을 가중시킬 뿐입니다. 그것으로는 참회에 이르지 못합니다. 참된 회개가 필요합니다. 죄의 사슬을 끊는 능력이 거기에 있습니다. 이를 위해서 말씀과 믿음이 필요합니다.

---

[82] 김남준, 『자기 깨어짐』(서울: 생명의말씀사, 2019), 208-217을 참고할 것.

## 좋은 것은 하나님께로부터 온다

시험의 때에, 생각과 감정은 얼음 위에서 미끄러지는 물건들과 같습니다. 일관되지 않고 통제하기 어렵습니다. 마음은 중심이 잡혀 있지 않으니 혼란스럽고, 정신은 쉽게 속임을 당합니다.

도대체 무엇에 속는다는 것일까요? 모든 좋은 것이 하나님 아버지가 아닌, 다른 데로부터 온다고 착각하는 것입니다.

> 온갖 좋은 은사와 온전한 선물이 다 위로부터 빛들의 아버지께로부터 내려오나니……(약 1:17).

"위로부터"는 '하나님께로부터'라는 뜻입니다. 온갖 좋은 것들이 그분께로부터 내려옵니다. 하나님은 시험하시는 분이 아니라 우리가 누리는 온갖 좋은 것들의 원천이십니다.

하나님을 "빛들의 아버지"(πατρὸς τῶν φώτων)라고 우회적으로 표현했습니다. 이는 유대 문학의 맥락에서 해와 달과 빛들을 창조하신 하나님을 가리키는 것입니다.[83]

시험의 때에 죄에 빠지는 것은 욕심 때문입니다. 그것은 자라서 죄를 낳습니다. 그러면 사람이 욕심에 이끌리는 이유는 무엇일까요? 하나님을

---

[83] "빛들의 아버지"(πατρὸς τῶν φώτων)라는 표현은 유대 문학의 맥락에서 이해되어야 한다. 유대인들은 해와 달을 가장 큰 별이라고 생각했다. 그들의 사고에 따르면 빛이나 별에 대한 이미지는 하나님, 그리고 그분의 선한 것들과 관계된다. Peter H. Davids, *The Epistle of James: A Commentary on the Greek Text*, in *New International Greek Testament Commentary* (Grand Rapids: Eerdmans, 1982), 87.

대적하면서까지 이끌리는 이유는 무엇일까요? 그것이 자기에게 좋은 것을 줄 것이라 생각하기 때문입니다.

좋은 것과 아름다운 것이 있을 때, 사람의 마음은 아름다운 것에 더 이끌립니다. 인간의 불행은, 하나님 보시기에 좋은 것이 아름답게 보이지 않고, 나쁜 것이 아름답게 보이는 데서 시작됩니다.

"야야야, 물렸다! 큰 거다."

김 집사는 신이 났습니다. 늦게 배운 도둑질에 날 새는 줄 모른다고, 최근에 취미로 배운 낚시에 여념이 없습니다. 주일인데 교회도 안 가고 낚시터에 왔습니다.

저녁 노을이 질 때에는 그럭저럭 작은 아이스박스의 절반쯤 채울 수 있었습니다. 그러나 혼자 집으로 돌아오는 차 안에서 그는 고기를 낚을 때처럼 기쁘진 않았습니다.

왜 그랬을까요? 왜 주일 예배도 안 갔을까요? 그 시간에 예배에 가는 것은 좋은 것이고 낚시하러 가는 것은 나쁜 것이었습니다. 그런데 나쁜 것이 아름답게 보였던 것입니다. 마음이 좋은 것보다 아름답게 보이는 것에 끌린 것입니다. 그래서 성수주일을 못한 것입니다.[84]

하나님은 이스라엘을 가나안 땅에 보내셨습니다. 하나님의 이름을 열방에 알리는 나라가 되게 하기 위함이었습니다. 그러나 그들은 처음 사랑을 버렸습니다. 풍족한 농경 문화 안에서 이방신을 섬겼습니다. 경건은

---

[84] 김남준, 『성수주일』 (서울: 익투스, 2015), 19-21을 참고할 것.

사라지고 우상숭배가 만연했습니다. 이스라엘 역사의 비탈길에서 늙은 여호수아는 외칩니다.

"만일 여호와를 섬기는 것이 너희에게 좋지 않게 보이거든……너희가 섬길 자를 오늘 택하라 오직 나와 내 집은 여호와를 섬기겠노라"(수 24:15).

보십시오. 하나님을 섬기는 것이 그들에게는 "좋지 않게" 보인 것입니다. 이방신을 섬기며 사는 게 더 아름답게 보인 것입니다. 그런 삶에 더 마음이 끌린 것입니다.

인간은 욕망 때문에 하나님의 선(善)을 떠납니다. 악을 더 아름답게 여기기에 욕망하는 것입니다. 이로써 불행에 이르게 됩니다. 시험에 든 사람이 정욕을 따라 사는 이유가 무엇입니까?

그는 무엇이 자기 인생에 도움이 될지를 스스로 찾는 중입니다. 모든 좋은 것이 하나님께로부터 온다는 것을 믿지 못하기 때문입니다. 결국 모든 좋은 것들을 주시는 하나님을 떠나 스스로 나쁜 것을 욕망하게 됩니다. 그 욕망은 죄로 이끌고, 죄는 더 큰 악에 빠지게 합니다(롬 8:6).[85]

하늘에 무한히 펼쳐진 우주 공간을 보십시오. 하나님이 창조하셨고 다스리고 계십니다. 그분이 우리 아버지이십니다. 모든 좋은 것들을 주셨습니다. 자기 아들까지도 아끼지 않고 주셨습니다. 그러니 필요한 모든 것을 왜 주시지 않겠습니까?(롬 8:32) 구해도 받지 못하는 것은 우리가 그릇된 동기로 잘못 구하기 때문입니다(약 4:3).

주님의 뜻을 잘 몰라서 달리 애쓸 때도 있습니다(행 16:7). 그러니 하나님이 안 된다고 하시는 것이 꼭 거절을 의미하는 것은 아닙니다. 그것은

---

85) "육신의 생각은 사망이요 영의 생각은 생명과 평안이니라"(롬 8:6).

우리를 새로운 방향으로 인도하시는 것입니다.

시험에 들면 미혹에 빠집니다. 하나님이 아니어도 스스로 좋은 것을 얻을 수 있다고 생각합니다. 그러나 하나님이 복 주시지 않으면 받을 사람이 없고, 복 주고자 하시면 막을 사람이 없습니다. "……나는 은혜 베풀 자에게 은혜를 베풀고 긍휼히 여길 자에게 긍휼을 베푸느니라"(출 33:19).

구원의 은혜를 누가 주셨습니까? 시험을 이길 믿음을 누가 주셨습니까? 세상 유혹 뿌리치며 살고 싶은 마음을 누가 주셨습니까? 우리 가진 좋은 것들 중 하나님이 주시지 않은 것이 무엇입니까?

## 변하지 않는 하나님의 선(善)

하나님은 빛들의 아버지이십니다. 그분의 성품(性品)은 불변합니다. 선하심에는 변함이 없습니다. 이 사실은 너무 확실해서 의심할 수 없습니다. 우리가 시험 속에서 굳게 붙잡아야 할 사실입니다.

> ……그는 변함도 없으시고 회전하는 그림자도 없으시니라(약 1:17).

"우르르릉, 꽝, 콰과광!"

번개에 벼락까지 칩니다. 출장을 떠나려고 공항으로 향하는 이른 새벽입니다. 가는 동안 내내 오늘 비행기가 뜰 수 있을까 걱정되었습니다. 온 하늘은 시커먼 구름에 뒤덮였습니다. 장대 같이 쏟아지는 비에 자동차 앞 유리 와이퍼가 쉴새 없이 움직입니다. 바람까지 심하게 부는 것을 보니, 태풍이 오고 있나 봅니다.

주기장에 라이트를 켠 채 비행기가 서 있습니다. 관제탑에서 이륙 지시가 떨어졌습니다. 굉음을 내며 활주로를 달립니다. 비행기가 하늘로 올라갈수록 더 많은 비가 쏟아집니다. 캄캄한 구름 사이를 통과합니다. 이윽고 놀라운 광경이 펼쳐집니다. 지상에서는 상상할 수 없던 장면입니다.

"우와, 빛나는 태양이다."

눈이 부십니다. 비행기가 빽빽한 구름을 박차고 하늘 높이 오르자 거기에는 찬란한 태양이 빛나고 있습니다.

검은 구름 아래서 쏟아지는 비를 바라볼 때는 해가 사라진 것처럼 보였습니다. 그러나 더 높이 구름을 뚫고 올라가 보십시오. 거기에는 비도 구름도 없습니다. 언제나 찬란한 햇빛이 비칩니다.

약한 마음에 생각합니다. "하나님이 정말 선하신가? 이제 나를 버리신 것이 아닐까?"[86] 그러나 태양은 빛을 잃어버리는 법이 없습니다.

하나님의 선하심과 신실하심도 그와 같습니다. 하늘 아래서 무슨 일이 일어나든지 저 높은 하늘 위에서는 변함이 없습니다.

믿음으로 산다는 것은 이 사실을 붙들고 사는 것이고, 시험에 든다는 것은 이것을 의심하는 것입니다.

"회전하는 그림자가 없으시다"(약 1:17). 이는 변함이 없으시다는 뜻입니다. 시험의 때에는 이 사실을 붙잡아야 합니다.

시험에 들면 마음의 눈이 어두워집니다. 하나님의 선하심을 보지 못하게 됩니다. 전에는 경험했지만 지금은 그 의미를 잃어버렸기 때문입니다.

---

[86] "밤에 부른 노래를 내가 기억하여 내 심령으로, 내가 내 마음으로 간구하기를 주께서 영원히 버리실까, 다시는 은혜를 베풀지 아니하실까……이는 나의 잘못이라……"(시 77:6-10).

그러면 육신의 눈으로밖에 보지 못합니다.

시련이 계속 이어집니다. 사람들과의 관계가 틀어지고, 고통이 깊어져 갑니다. 마음은 점점 더 힘들어집니다. 상황은 절망을 말하는 듯합니다. 하나님을 너무 멀리 떠났다는 느낌을 받습니다. 밀려오는 양심의 송사와 율법의 정죄는 자유를 빼앗아갑니다. 이럴 때 어떻게 맞서시겠습니까?

자신의 처지를 바라보며 판단하지 말아야 합니다. 하나님의 의(義)에 주목해야 합니다. 예수 그리스도께서 이미 주신 구원의 의를 의지해야 합니다. "주의 의로 나를 건지시며 나를 풀어 주시며 주의 귀를 내게 기울이사 나를 구원하소서"(시 71:2).

하나님은 결코 악을 행하실 수 없는 분임을 믿으십시오. 어떤 일이 있어도 나를 버리지 않으시며, 좋은 것을 주시리라는 믿음을 굳건히 하십시오. 영적 침체 속에서 잃어버린 신앙의 의미를 파고드십시오. 은혜의 경험이 다시 살아날 것입니다.

### 선하신 하나님을 의지하라

하나님을 "빛들의 아버지"라고 표현합니다. 온갖 좋은 은사와 온전한 선물이 그분께로부터 온다고 말합니다.

모든 염려는 하나님이 선(善)하신 아버지이심을 믿지 못하는 데서 옵니다. 믿음으로 산다는 것은 아버지의 선하심을 붙들고 사는 것입니다. 이것 없이는 누구도 하나님을 기쁘시게 할 수 없습니다(히 11:6). 사랑하지 않으면 의지할 리 없습니다. 하나님의 선하심을 믿지 않는데 그분을 신뢰할 리가 있겠습니까?

어떠한 경우에도 불변하는 선으로 우리를 붙들고 계십니다. 예수께서 하늘에 계신 하나님을 "우리 아버지"라고 부르도록 가르쳐 주신 것을 기억하십시오(마 6:26).[87]

사탄이 궁극적으로 원하는 것이 있습니다. 하나님에 대한 우리의 믿음이 파산에 이르는 것입니다. 이 일은 사탄에게도 쉬운 일이 아닙니다. 왜냐하면 하나님이 우리를 지키시고, 우리에게는 믿음이 있기 때문입니다. 그래서 사탄은 하나님의 존재와 성품을 의심하게 만듭니다. 그분과의 사랑에 커다란 금이 가게 합니다.

많은 신자들이 기도하지 않고도 살아갑니다. 말씀의 감화 없이 살아도 고통을 느끼지 않습니다. 얼마나 가엾은 사람들입니까? 하나님의 사랑, 시련을 이기게 하시는 능력, 달콤한 은혜를 모르니 말입니다.


"사람 살려! 살려 주세요······."
선원들이 소리를 질렀습니다. 먼 바다에서 풍랑을 만났습니다. 작은 고기잡이배는 파선했고, 살아남은 선원들은 나무판자를 의지하여 간신히 물에 떠 있습니다.

물결은 순식간에 성난 파도가 되었습니다. 이미 몇 사람은 솟구쳐 오르는가 싶더니 멍든 빛깔의 물결 속으로 한순간에 사라져 버렸습니다.


"뚜우 뚜우우······."
다행입니다. 지나던 화물선이 구조 신호를 포착했나 봅니다. 비상등까

---

[87] "공중의 새를 보라 심지도 않고 거두지도 않고 창고에 모아들이지도 아니하되 너희 하늘 아버지께서 기르시나니 너희는 이것들보다 귀하지 아니하냐"(마 6:26).

지 번쩍이며 달려옵니다. 폭우 속에 밧줄을 던집니다.

익사 직전의 한 선원이 사력을 다해 그 줄을 붙잡습니다. 자신의 오른쪽 팔뚝에 칭칭 감습니다. 판자 조각을 붙들던 왼손을 뻗어 두 손으로 밧줄을 단단히 붙듭니다. 이제 끌어올리기 시작합니다. 격렬한 파도에 몸이 공중으로 떠오릅니다.

그때 가늠할 수 없는 검푸른 바다의 깊이는 문제가 되지 않습니다. 구조될 것이기 때문입니다. 헤엄 못 치는 사람에게는 한 길 조금 넘는 물이나 수천 미터의 바다나 두렵기는 매한가지입니다.

말씀의 밧줄을 단단히 잡으면 시험의 깊이는 문제가 되지 않습니다. 우리를 시험에서 건지시는 분이 전능하신 하나님이시기 때문입니다.

## 맺는말

우리가 어떤 고난을 겪고 있든지 하나님은 선하십니다. 이 사실을 굳게 붙드십시오. 폭풍과 같은 시험 속에서도 안전할 것입니다.

살아온 인생길을 돌아보십시오. 시련의 폭풍 속에서 그분의 사랑을 경험하지 않았습니까? 거기서 두려움이 변하여 노래가 되었고 한숨이 변하여 기도가 되지 않았습니까? 그래서 지금 이렇게 살아 있지 않습니까?

불변하는 하나님의 선(善)을 의지하십시오. 믿음으로 시험을 이기십시오. 아버지를 향한 의존과 신뢰를 굳게 하십시오. 시험 속에서 하나님의 선하심을 경험하게 될 것입니다. 기다리는 자들에게나 구하는 영혼들에게 선하신 하나님 아버지이십니다(애 3:25).

> 한눈에 보는 11장

### I. 하나님은 선하시다

하나님은 사람을 시험하지 않으신다.
그런데도 사람들은 하나님이 시험하신다고 말한다.
그분의 선하심과 신실하심을 믿지 못하기 때문이다.


### II. 좋은 것은 하나님께로부터 온다

사람이 욕심에 이끌리는 이유는 좋은 것을 얻기 위해서다.
하나님이 주시지 않아도 얻을 수 있다고 생각하기 때문이다.
온갖 좋은 은사와 온전한 선물이 하나님께로부터 온다.
'위로부터'라는 말은 보이지 않는 하나님께로부터라는 뜻이다.
"빛들의 아버지"는 광명체를 창조하신 하나님을 가리킨다.
하나님은 우주를 다스리신다. 아들을 주기까지 사랑하신다.
그러니 우리에게 필요한 것들을 주시지 않겠는가?


### III. 변치 않는 하나님의 선

하나님은 언제나 우리에게 선하시다. 그것은 변하지 않는다.
시험에 들면 마음의 눈이 어두워져 선하심을 보지 못한다.
믿음으로 산다는 것은 주님의 선하심을 붙들고 사는 것을 뜻한다.
그러면 폭풍과 같은 시련 속에서도 안전할 것이다.
하나님의 선하심을 믿으라. 아버지를 향한 신뢰를 굳게 하라.

## 제12장

# 우리를 낳으신 하나님

✦✤✦

그 자신의 뜻을 따라
진리의 말씀으로 우리를 낳기를 뜻하셨으니
이는 우리로 하여금 그의 피조물들 중의
어떤 첫 열매가 되게 하려 하심이라.

βουληθεὶς ἀπεκύησεν ἡμᾶς λόγῳ
ἀληθείας εἰς τὸ εἶναι ἡμᾶς ἀπαρχήν
τινα τῶν αὐτοῦ κτισμάτων.

**야고보서 1장 18절, KNJ 私譯**

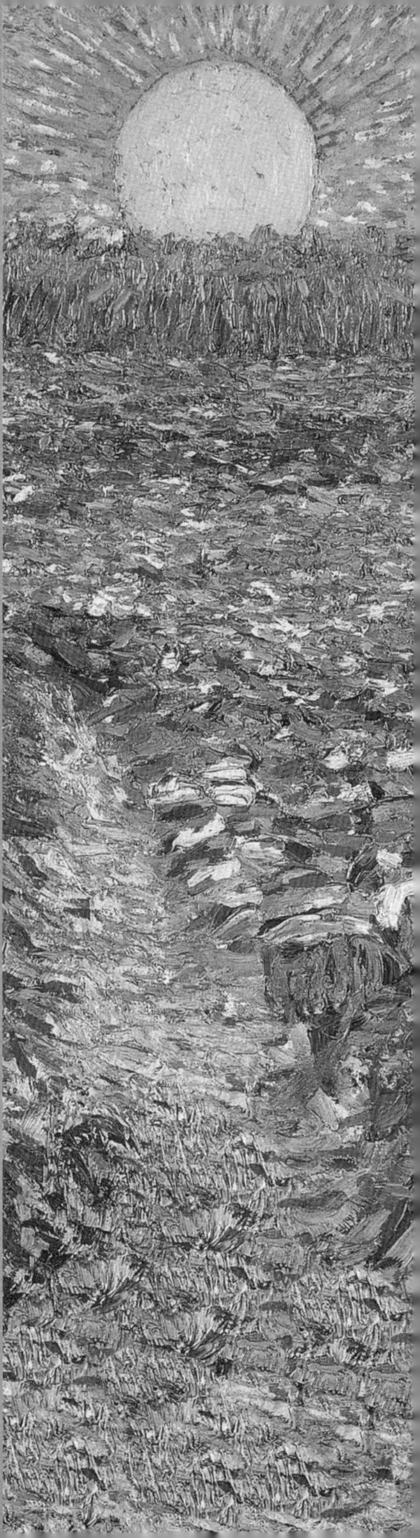

하나님이 선하시다는 사실과 시험 당하는 현실을 연결시키기 어려울 때가 있습니다. 그러나 너무 조바심 내지 마십시오. 하나님의 선하심은 폐할 수 없습니다.[88]

죄에 빠지는 것은 하나님 밖에서 행복을 찾으려 하기 때문입니다. 하나님이 아닌 세상에서 좋은 것을 찾기 때문입니다. 그런 사람들은 거짓 행복을 위해 참된 행복을 버리게 되니, 이는 하나님의 선하심을 믿지 못하기 때문입니다.

하나님은 언제나 선하시고 영원히 불변하십니다. 말씀으로 우리를 낳으신 아버지이십니다. 우리를 구원하셔서 영적으로 다시 태어나게 하셨습니다. 이 일을 위해 자기 아들을 화목제물로 주기까지 하셨습니다(롬 3:25, 요일 4:10).

---

[88] "어떤 자들이 믿지 아니하였으면 어찌하리요 그 믿지 아니함이 하나님의 미쁘심을 폐하겠느냐 그럴 수 없느니라 사람은 다 거짓되되 오직 하나님은 참되시다 할지어다……"(롬 3:3-4).

## 시험 속에서 붙들어야 할 것

시험에 관한 교훈을 마무리하면서, 다시 한번 강조합니다. 하나님께서 우리를 낳으셨습니다. 하나님은 우리의 아버지시고, 우리는 그분의 자녀들입니다.

> 그가 그 피조물 중에 우리로 한 첫 열매가 되게 하시려고 자기의 뜻을 따라 진리의 말씀으로 우리를 낳으셨느니라(약 1:18).

이제껏 시험에 대해 말하다가 왜 갑자기 하나님이 우리를 낳으셨다는 사실을 말하는 것일까요? 이는 시험의 때에 사탄이 흔들고 싶어 하는 것이 무엇인지를 보여줍니다. 또한 시련의 폭풍 속에서 우리가 무엇을 붙들어야 하는지 가르쳐줍니다. 바로 하나님과 우리의 관계입니다. 우리와 하나님 사이의 부모 자식 관계 말입니다.[89]

---

89) "한 사람이 기독교 신앙을 얼마나 잘 이해하고 있는지를 판단하려면, 자신이 하나님의 자녀이며 또 하나님이 자신의 아버지 되신다는 사실을 얼마나 중요하게 여기는지를 보면 된다. 이 생각이 예배와

예수께서 요한에게 세례를 받으시고 물 위로 올라오실 때 하늘로부터 소리가 들렸습니다. "이는 내 사랑하는 아들이요 내 기뻐하는 자라 하시니라"(마 3:17).

성자를 세상에 드러내시기 전에 하나님이 하신 일이 있습니다. 그분이 당신의 사랑하는 아들이며 기뻐하는 자임을 확증하신 것입니다. 성령이 성자와 함께하셨습니다.

그 후에 그리스도께서 사탄에게 시험을 받으실 때(마 4:1) 사탄이 무어라고 말하면서 예수께 접근했습니까? "……네가 만일 하나님의 아들이어든……"(마 4:3).

사탄은 그분이 하나님의 아들이라는 관계를 의심하도록 유도했습니다. "네가 만일 하나님의 아들이라면 이런 고난을 당하도록 내버려 두실 리가 없다." 그러나 예수께서는 언제나 자신이 하나님의 아들이라는 확신 속에서 사셨습니다(요 16:32).[90]

시험의 때에 혼란을 겪는 것은 관계의 확신이 부족하기 때문입니다. 하나님이 아버지시고 우리가 그분의 자녀라는 관계에 대한 확신이 흔들리기 때문입니다. 어떤 시련을 만나도, 하나님이 아버지시고 우리가 자녀라는 확신이 있다면 능히 이길 수 있습니다.

하나님이 하늘과 땅의 모든 것을 다스리십니다. 그분이 우리를 자녀 삼으셨습니다. 변함없이 선을 베푸시며, 바라는 자들에게 은혜를 주십니다.

---

기도 및 총체적인 인생관을 유발하거나 지배하지 않는다면, 그 사람은 기독교를 그렇게 잘 이해하고 있다고 볼 수 없다." James I. Packer, *Knowing God* (Downers Grove: Inervarsity Press, 1993), 201.

[90] "보라 너희가 다 각각 제 곳으로 흩어지고 나를 혼자 둘 때가 오나니 벌써 왔도다 그러나 내가 혼자 있는 것이 아니라 아버지께서 나와 함께 계시느니라"(요 16:32).

한 번도 실망시키지 않는 하나님이십니다. 결코 우리를 버리지 않으시며 (사 41:9), 잊지 않으시는 아버지이십니다(사 49:15-16). 시련을 만났던 성도들이 이 확신으로 용기와 소망을 얻었습니다.

현실이 힘들더라도 근심하지 마십시오. 탕자의 비유를 통해 아버지를 보여주지 않으셨습니까?(눅 15:11-32) 아버지는 자기를 멀리 떠난 탕자를 그리워했습니다. 허랑방탕하여 자식 같지도 않았던 아들을 기다렸습니다. 이야기의 주인공은 돌아온 아들이 아닙니다. 기다리시는 아버지입니다. 자신을 허비하기까지 사랑으로 기다리시는 아버지입니다.

우리가 하나님의 자녀인 것은 우리의 상태에 달린 것이 아닙니다. 그것은 신분에 달린 것입니다. 우리는 구원받는 순간 영원히 그분의 가족이 되었습니다(요 1:12). 그리스도를 통해 성령 안에서 연합되었습니다(롬 6:5). 하나님이 우리의 아버지가 되셨습니다(롬 8:15).[91]

우리가 하나님을 떠났다고 해서, 하나님도 우리를 떠나신 것은 아닙니다(호 9:1, 히 13:5). 우리가 시험에 든 탓에 스스로 멀어진 것입니다. 어떤 경우에도 하나님은 우리의 아버지가 되신 것을 결코 후회하지 않으십니다(민 23:19, 롬 11:29).

---

[91] 유대인들의 탈무드와 또 다른 유대문헌들 속에서 발견되듯 아바(ἀββᾶ)라는 용어가 아이들의 옹알이에서 시작되었다고 할지라도(그것도 분명치 않다), 예수님 당시 이 말은 아빠(daddy)에 비견되는 유아기적 용어가 아니라 성인들의 말이라는 주장이 최근 제기되고 있다. 아바라는 말은 천진스러운 신뢰와 순종이 담긴 가정적인 단어로서 소박함, 친밀함, 안전감, 애정과 같은 개념이 깃든 말이지만 '아버지'(father) 혹은 '내 아버지'(my father)와 같은 의미라고 본다. 아버지를 가리키는 아람어인 아바는 유대인들이 헬라어를 사용하기 시작했을 때 헬라어 파테르(πατήρ)보다 발음하기 쉬워서 널리 쓰인 듯하다. 이와 관련된 더 상세한 사항은 다음을 참고할 것. Murray J. Harris, *Navigating Tough Texts: A Guide to Problem Passages in the New Testament* (Bellingham: Lexham Press, 2020), 157-158.

## 복음 진리로 낳으셨다

하나님이 우리를 낳으셨다는 사실이 어떻게 우리를 사랑하신다는 증거가 될 수 있을까요? 그것은 우리를 낳으시는 방식과 관련이 있습니다. 곧 우리를 "진리의 말씀으로" 낳으셨기 때문입니다.

……진리의 말씀으로 우리를 낳으셨느니라(약 1:18).

여기서 "진리의 말씀"은 복음 진리를 가리킵니다. 복음에 대한 가장 짧은 진술은 이것입니다. "예수께서 우리를 위해 죽으셨다"(고전 15:3).

복음 진리는 예수 그리스도의 죽으심과 부활(復活)입니다. 그리스도께서 우리를 위해 대신 죽으셨습니다. 그분이 십자가에서 고난을 당하셨기에 우리가 믿음으로 구원을 받을 수 있었습니다.[92]

그분이 부활하셨기에 우리도 그분과 함께 살아날 소망을 갖게 되었습니다.[93] 이 복음을 믿음으로써 하나님의 자녀가 되었습니다.

이 세상이 창조되던 때를 생각해 보십시오. 하나님께서 "있으라" 하시

---

[92] 칼빈은 구원의 원인을 4가지로 나누어 설명한다. "우리의 구원의 유효적 원인(efficient cause)은 성부 하나님의 사랑에 있으며, 질료적 원인(material cause)은 성자 하나님의 순종에, 도구적 원인(instrumental cause)은 성령 하나님의 조명하심, 곧 믿음에 있으며, 목적적 원인(final cause)은 하나님의 선하심을 찬양하는 것에 있다"(3.14.21). John Calvin, *Institutes of the Christian Religion*, vol. 2, trans. Henry Beveridge (Grand Rapids: Eerdmans, 1981), 88.

[93] "예수님은 구원받을 우리 모두를 끌어안고 우리 모두 대신해서 영원히 단번에 십자가에서 죽으시고 다시 살아나셨습니다. 따라서 예수님의 죽음 속에 우리가 포함되어 있었던 것처럼, 우리는 예수님의 부활 속에 포함되어 있었던 것입니다. 그런 의미에서 우리가 그리스도 예수를 믿으면 예수 그리스도와 함께 죽은 것이 되고, 동시에 예수 그리스도와 함께 다시 살아나는 것이 됩니다." 김남준, 『구원과 하나님의 계획』(서울:부흥과개혁사, 2015), 212.

자 온 우주가 생겨났습니다(창 1:3). 산천초목과 각종 짐승들도 말씀 한마디로 지으셨습니다(창 1:24).

그러나 타락한 인간을 구원하실 때는 그렇게 하지 않으셨습니다. 사랑하는 아들을 세상에 보내셨습니다. 우리의 죄를 대신해 십자가에 못 박히게 하셨습니다. 그리고 우리로 그 복음을 믿게 하심으로써 자녀 삼으셨습니다(요 1:12-13). 따라서 진리의 말씀으로 낳으신 것은 우리를 향한 영원한 사랑의 증거입니다.

시험에 들지 말아야 합니다. 들었다면 속히 벗어나야 합니다. 거기에는 어떤 보람과 행복도 없습니다. 욕심에 이끌리는 마음은 결코 행복으로 인도하지 않습니다. 죄에 빠져 불행해집니다. 시련의 때에 믿음을 입증하십시오. 그 사랑으로 구원받았기 때문입니다(유 1:1).

"내가 너희를 낳았다." 그래서 하나님이 우리 아버지라는 사실이 마음에 남은 의심의 쓰레기를 날려버리는 태풍과 같지 않습니까?

신앙이 무엇입니까? 아버지의 마음을 아는 것입니다. 예수의 마음을 갖는 것입니다(고전 2:16). 그 아버지의 가족으로 사는 것입니다. 그것이 신자의 행복입니다.

우리는 변화무쌍한 인생길을 걷습니다. 맑은 날도 있지만, 궂은날도 있습니다. 시련의 비바람이 몰아칠 때가 있을 것입니다. 그러나 눈에 보이는 현실 때문에 그보다 확실한 아버지와의 관계를 의심하지 마십시오.

그분이 우리를 낳으셨습니다. 친히 낳으셨으니 친히 책임지실 것입니다. 이 사실을 믿으십시오. 이것이 시험을 이기는 길입니다.

## 첫 열매가 되게 하셨다

인간은 하나님의 형상을 닮아 고귀합니다. 그러나 다른 피조물처럼 하나님에 의해 지음 받았습니다. 그분의 창조 행위에 목적이 있듯이 구원하심에도 목적이 있습니다.

> 그가 그 피조물 중에 우리로 한 첫 열매가 되게 하시려고……(약 1:18).

"첫 열매"가 되게 하고자 우리를 낳으셨다고 말합니다. 성경에서 "첫 열매", "첫 새끼", "초태생"은 모두 하나님의 소유로 여겨졌습니다(출 13:12-13, 민 8:16).

여기에는 역사적인 배경이 있습니다. 이스라엘이 애굽에서 종살이할 때였습니다. 하나님이 그들에게 모세를 보내셨습니다. 바로를 심판하셨습니다. 열 가지 재앙을 내리심으로 당신의 전능하심을 보여주셨습니다. 마지막 열 번째 재앙은 사람과 짐승 중 모든 처음 난 것들의 죽음이었습니다(출 11:5-6). 이 재앙은 애굽인에게나 이스라엘인에게나 동일하게 임할 것이었습니다.

이스라엘에게는 죽음을 피할 방도가 계시되었습니다. 어린양을 죽여서 그 피를 문설주나 인방에 바르는 것이었습니다. 그러면 멸하는 자가 그 피를 보고 그냥 지나갔습니다(출 12:23). 죽이지 않고 건너뛴 것입니다. 그래서 그날을 유월절(逾越節)이라고 불렀습니다.

모든 처음 난 것들은 죽게 되어 있었습니다. 그러나 이스라엘의 초태생은 죽지 않았습니다. 구원의 은혜였습니다. 그래서 하나님은 사람이나 짐승을 막론하고 태에서 처음 난 모든 것은 다 거룩히 구별하여 당신께 돌리게 하셨습니다(출 13:1-2).[94] 즉, 죽었어야 했지만 은혜로 구원받은 그 날, 사람과 짐승들의 모든 초태생이 하나님께 바쳐졌다는 뜻입니다.[95]

당시 이스라엘 사람들은 첫 아이가 부모의 가장 좋은 것들을 받아서 태어난다고 생각했습니다(창 49:3 참고). 그래서 "초태생"(初胎生)이라는 말에는 '최고의 것'(the best)이라는 뜻이 담겨 있습니다.[96] 가장 좋은 것이 하나님의 은혜로 살아 남았으니, 이제 그는 하나님의 것입니다. 하나님이 그를 구원하셨기 때문입니다.

하나님은 우리를 첫 열매가 되게 하려고 구원하셨습니다. "첫 열매"라는 표현에는 두 가지 사상이 담겨 있습니다.

첫째로, 하나님께 봉헌(奉獻)되었다는 것입니다. 하나님께서 진리의 말씀으로 우리를 낳으신 순간, 우리는 그분께 바쳐졌습니다. 첫 열매가 되었습니다. 머리부터 발끝까지 주님의 소유가 된 것입니다(벧전 2:9).

구원받은 신자는 항상 이 의식 속에서 살아야 합니다. 그래서 자신이 죽고 자기 안에 예수만 사시는 것을 마땅히 여겨야 합니다(갈 2:20). 그래야 진정으로 하나님께 바쳐진 것이 아니겠습니까?

---

[94] 신약 성경에서도 신자들은 "맏아들"로 일컬어지며(롬 8:29), 그들의 회합은 "장자들의 모임"으로 불린다(히 12:23).

[95] Carl Friedrich Keil, Franz Delitzsch, *The Second Book of Moses: Exodus*, in *Commentary on the Old Testament in Ten Volumes*, vol. 1, trans. James Martin (Grand Rapids: Eerdmans, 1983), 33.

[96] 초태생이라고 번역된 히브리어는 베코르(בכור)인데 '처음 난 자', '가장 나이 든 후손'이라는 뜻을 가지고 있으며, 형제들 가운데 유력한 자, 상속에 있어서도 특권을 소유한 자라는 의미를 내포하고 있다. 이 단어는 또한 '첫 번째'(first), '최고의 것'(chief)이라는 비유적 의미로도 사용된다. Wilhelm Gesenius, *Genesius' Hebrew and Chaldee Lexicon to the Old Testament Scriptures*, trans. Samuel Prideaux Tregelles (Grand Rapids: Baker Book House, 1984), 119.

"손님, 거기 앉으시면 안 됩니다."

고급 레스토랑입니다. 방금 도착한 손님이 직원의 안내도 받지 않은 채 성큼성큼 걸어 들어갑니다. 자신만만해 보입니다. 제일 멋진 자리를 차지하고 앉으려 합니다. 매니저가 재빨리 다가옵니다. "잠깐만요! 이 자리는 이미 예약되었습니다. 여기 앉으실 수 없습니다."

이것이 바쳐졌다는 의미입니다. 지정된 사람만을 위해 배타적으로 제공되었다는 뜻입니다. 우리가 그렇게 하나님께 바쳐졌습니다. 다른 누구도 우리에 대한 소유권이나 사용권을 가질 수 없습니다. 세상도, 심지어 나 자신도 말입니다. "우리 주 예수 그리스도"라는 신자의 고백은 그런 의미입니다(행 15:25, 롬 1:4).

시험이 어디에서 옵니까? 스스로 자기 인생의 주인 노릇하는 데서 오는 것 아닙니까? 성도인데 은혜로 사는 줄 모르기 때문이 아닙니까?

이제 우리는 우리 자신의 것이 아닙니다. 하나님께서 아들의 피로 값 주고 사셨습니다. 그래서 우리는 우리의 것이 아닙니다(고전 6:19-20). 하나님께 바쳐졌습니다. 이것이 바로 우리가 하나님께 영광을 돌리며 살아야 할 이유입니다.

둘째로, 구별(區別)되었다는 것입니다. 하나님께서 우리를 자녀 삼으신 것은 세상과 세상 사람들로부터 구별하신 것입니다. 우리는 택하신 족속들이며 왕 같은 제사장들입니다. 그분의 나라이며 보물 같은 백성들입니다. 우리는 구원하시는 하나님의 사랑을 이 세상에 선포하도록 부름 받은 사람들입니다(벧전 2:9).[97]

---

[97] 성경에서 거룩함은 구별됨을 의미한다. 곧 거룩하지 않은 것들과 나뉘어져 분리된 것이다. 이미 하나님께 바쳐졌기 때문에 그렇지 않은 것들과 구별되었다는 것이다. 이미 하나님께 바쳐졌기 때문에

세상 사람들은 제 소견에 옳은 대로 마음대로 살아갑니다. 그러나 우리는 세상 사람들과 구별되었습니다. 거룩하게 살아야 합니다. 땅에서 살지만 하늘을 향해 살아야 합니다. 세상 사람들과 다른 것을 믿으니, 다르게 살아야 하지 않겠습니까?

## 능력 있는 말씀

하나님께서 복음 진리로 우리를 낳으셨습니다. 사랑하시기에 낳으셨고, 낳으셨으니 사랑하십니다. 아들을 죽게 하사 우리를 낳으셨으니 어찌 사랑하시지 않겠습니까?(롬 3:25)

우리가 거듭난 것은 "썩지 아니할 씨"로 된 것이니, 하나님 사랑의 증거입니다(벧전 1:23). 이것이 바로 말씀의 능력을 상기시키는 이유입니다. "……자기의 뜻을 따라 진리의 말씀으로 우리를 낳으셨느니라"(약 1:18).

허물과 죄로 죽었던 우리가 무엇으로 다시 살아났습니까? 바로 진리의 말씀입니다. 시험에서 벗어나는 것도 말씀을 통해서입니다. 우리를 말씀으로 사망에서 살리셨다면, 시험 속에서도 말씀으로 건지실 것입니다.

하나님의 말씀은 살아 있어서 시험받는 영혼을 새롭게 합니다(히 4:12). 시련을 이길 능력을 줍니다. 하나님은 어제나 오늘이나, 동일하게 말씀으로 우리를 살리십니다(시 119:50).

우리의 재산은 금이나 은 같은 것이 아닙니다. 하나님의 말씀입니다. 우리 마음에 역사하는 말씀입니다. 말씀에 감화를 받는 사람은 아무것도

---

그 누구도 그것을 점유할 수 없게 배타적으로 구별된 상태다. 김남준, 『그리스도인은 누구인가』 (서울: 생명의말씀사, 2018), 92-93을 참고할 것.

두렵지 않습니다. 이 감화로 하나님과 동행하는 삶을 살아갑니다. 하나님과 평화를 누리고 그분의 영광을 위해 살아갑니다.

## 맺는말

세상은 고통(苦痛)의 바다입니다. 가장 탁월한 신자에게도 시험이 있습니다. 시련이 있습니다. 누구나 고난을 만납니다. 고통은 괴로운 것이니, 불같은 시련을 즐거워할 사람이 어디에 있겠으며, 폭풍 같은 시험에 아프지 않을 사람이 누구이겠습니까?

시련을 당할 때, 믿음의 사람들은 그 의미를 생각합니다. 거기서 하나님의 뜻을 찾습니다. 하나님 만나기를 갈망합니다. 시험 속에서 자신의 믿음의 진실함을 입증하고자 합니다.

시험은 영혼이 새롭게 될 기회입니다. 죄를 발견하고 회개할 기회이며, 은혜의 불로 죄된 성품을 불태워 버릴 기회입니다.

시험을 이길 때, 그리스도를 닮아갑니다. 사랑으로 인내를 배웁니다. 더욱 하나님을 섬기며 살아가게 됩니다. 이런 삶은 하나님 앞에 향기로운 제물입니다(롬 12:1).

주저앉지 마십시오. 환경을 바라보며 낙심하지 마십시오. 지금 씨름하는 현실은 다른 누구도 아닌 당신의 인생임을 기억하십시오. 누구도 대신 살아주지 않습니다. 시험 속에서 하나님의 품을 파고드는 사람이 이깁니다. 당신을 낳으신 하나님 사랑을 의지하여 승리하십시오.

이 책의 마지막 장을 덮는 당신이 시험을 이길 바로 그 사람입니다.

### 한눈에 보는 12장

**I. 시험 속에서 붙들 것**

시련의 폭풍 속에서 우리가 붙들어야 할 것은 다음이다.
"하나님은 우리를 낳으신 아버지시다."
하나님이 아버지시라는 확신을 놓치면 혼란을 겪게 된다.
이는 우리의 상태에 달린 것이 아니다. 우리의 신분이다.
구원받는 순간 하나님은 우리의 아빠가 되셨다.
어떤 시련을 만나도 이 사실을 굳게 붙들라.
사랑은 시험을 능가하고, 은혜는 실패보다 뛰어나다.

**II. 복음 진리로 낳으심**

하나님은 복음 진리로 우리를 낳으셨다.
복음 진리의 기초는 그리스도의 죽으심과 부활이다.
우리를 자녀 삼기 위해 당신의 아들을 보내주셨다.
아들을 십자가에 못 박아 죽기까지 우리를 사랑하셨다.

**III. 첫 열매로 삼으심**

하나님은 우리를 구원하여 첫 열매로 삼으셨다.
첫 열매에는 두 가지 사상이 있다.
첫째로, 하나님께만 바쳐졌다. 우리는 주님의 소유다.
둘째로, 세상과 구별되었다. 하늘 가치관으로 살아야 한다.
하나님께만 바쳐졌기에 구별되게 살아야 한다.
이 사실을 잊어버릴 때 욕심에 이끌리게 된다.

**IV. 말씀의 능력**

하나님은 말씀으로 시험에서 건지실 것이다.
말씀을 가까이 하라. 말씀에 마음을 기울이라.
성령께서는 말씀을 통해 역사하시기 때문이다.

# 참고 문헌

이 책을 쓰는 데 직접적으로 도움을 받았던 책들의 목록이다. 아래 책들을 참고했다고 해도 본문에서 인용문으로 명시한 것을 제외하고는 대부분 나 자신 안에서 소화되어 자기화된 것이다. 이 외에도 일일이 기억을 더듬어 찾아내지 못한 것들이 있을 수 있음을 밝힌다.

## 성경 주석 & 사전류

Arndt, William, et al. *A Greek-English Lexicon of the New Testament and Other Early Christian Literature* (Chicago: University of Chicago Press, 2000).

Beasley-Murray, George R. *John*, in *Word Biblical Commentary*, vol. 36 (Waco: Word Books, 1987).

Brooks, James A. *Mark*, in *The New American Commentary*, vol. 23 (Nashville: Broadman Press, 1991).

Calvin, John. *Commentaries on the Epistle of James*, in *Calvin's Commentaries*, vol. 22, trans. John Owen (Grand Rapids: Baker Book House, 1998).

Davids, Peter H. *The Epistle of James: A Commentary on the Greek Text*, in *New International Greek Testament Commentary* (Grand Rapids: Eerdmans, 1982).

DeClaissé-Walford, Nancy. "Psalm 138: Because of Your Hesed and Your Faithfulness," in *The Books of Psalms*, in *The New International Commentary on the Old Testament*

(Grand Rapids: Eerdmans, 2014).

France, R. T. *The Gospel of Mark: A Commentary on the Greek Text*, in *New International Greek Testament Commentary* (Grand Rapids: Eerdmans, 2002).

Gesenius, Wilhelm. *Gesenius' Hebrew and Chaldee Lexicon to the Old Testament Scriptures*, trans. Samuel Prideaux Tregelles (Grand Rapids: Baker Book House, 1984).

Hamilton, Victor P. "אֲשֶׁר," in *Theological Wordbook of the Old Testament*, eds. R. Laird Harris, Gleason L. Archer Jr., Bruce K. Waltke (Chicago: Moody Press, 1980).

Hendriksen, William. *Exposition of the Gospel According to Mark*, in *New Testament Commentary*, vol. 10 (Grand Rapids: Baker Books, 2002).

Keil, Carl Friedrich & Franz Delitzsch. *The Second Book of Moses: Exodus*, in *Commentary on the Old Testament in Ten Volumes*, vol. 1, trans. James Martin (Grand Rapids: Eerdmans, 1983).

Kittel, Gerhard & Gerhard Friedrich & Geoffrey William Bromiley. *Theological Dictionary of the New Testament: Abridged in One Volume* (Grand Rapids: Eerdmans, 1985).

Koehler, Ludwig & Walter Baumgartner. *The Hebrew and Aramaic Lexicon of the Old Testament*, vol. 2 (ת-פ), trans. M. E. J. Richardson (Leiden: Brill, 2001).

Lampem, G. W. H., ed. *A Patristic Greek Lexicon* (Oxford: Clarendon Press, 2012).

Liddell, H. G. & R. Scott, eds. *A Greek-English Lexicon* (Oxford: Clarendon Press, 1996).

Louw, Johannes P., et al. *Greek-English Lexicon of the New Testament based on Semantic Domains*, vol. 1 (New York: United Bible Societies, 1989).

Marshall, I. Howard. *The Gospel of Luke: A Commentary on the Greek Text*, in *The New International Greek Testament Commentary* (Grand Rapids: Eerdmans, 1978).

Martin, Ralph P. *James*, in *Word Biblical Commentary*, vol. 48 (Waco: Word Books, 1988).

Montanari, Franco. *The Brill Dictionary of Ancient Greek*, vol. 1(A-K) (Leiden: Brill, 2015).

Richardson, Kurt A. *James*, in *The New American Commentary*, vol. 36 (Nashville: Broadman & Holman Publishers, 1997).

Seesemann, Heinrich. "Πειρασμός," in *Theological Dictionary of the New Testament*, vol. 6, eds. Gerhard Kittel, Geoffrey W. Bromiley, Gerhard Friedrich (Grand Rapids: Eerdmans, 1975).

Stein, Robert H. *Luke*, in *The New American Commentary*, vol. 24 (Nashville: Broadman Press, 1992).

Thayer, Joseph H. *A Greek-English Lexicon of the New Testament* (Grand Rapids: Baker Book House, 1982).

고려대학교 민족문화연구원 국어사전편찬실 편, 『고려대 한국어대사전(ㄱ-ㅁ)』 (서울: 고려대학교 민족문화연구원, 2011).

_____. 『고려대 한국어대사전(ㅂ-ㅇ)』 (서울: 고려대학교 민족문화연구원, 2011).

크레이그 L. 블롬버그 & 마리암 J. 카멜. 『존더반 신약주석 16: 강해로 푸는 야고보서』, 정옥배 역 (서울: 디모데, 2014).

**국내 도서 & 번역서**

김남준. 『교회와 하나님의 사랑』 (서울: 익투스, 2019).
_____. 『구원과 하나님의 계획』 (서울: 부흥과개혁사, 2015).
_____. 『그리스도인은 누구인가』 (서울: 생명의말씀사, 2018).
_____. 『그리스도인이 빛으로 산다는 것』 (서울: 생명의말씀사, 2012).
_____. 『내 인생의 목적 하나님』 (서울: 생명의말씀사, 2016).
_____. 『다시, 게으름』 (서울: 생명의말씀사, 2021).
_____. 『성수주일』 (서울: 익투스, 2015).
_____. 『성화와 기도』 (서울: 생명의말씀사, 2010).
_____. 『아무도 사랑하고 싶지 않던 밤』 (파주: 김영사, 2020).
_____. 『염려에 관하여』 (서울: 생명의말씀사, 2020).
_____. 『자기 깨어짐』 (서울: 생명의말씀사, 2019).
_____. 『죄와 은혜의 지배』 (서울: 생명의말씀사, 2005).
헬렌 켈러. 『사흘만 볼 수 있다면』, 박에스더 역 (서울: 산해, 2005).
Arthur C. Guyton & John E. Hall. 『의학 생리학』, 강대길 외 26인 역 (서울: 정담, 2002).
Scott K. Powers & Edward T. Hawley. 『파워 운동생리학』, 최대혁 외 2인 역 (서울: 라이프사이언스, 2014).

해외 도서

Avgvstinvs, Avrelivs. *Confessiones*, in *Corpvs Christianorvm Series Latina*, vol. 27 (Tvrnholti: Brepols, 1996).

Bounds, E. M. *Essentials of Prayer* (New Kensington: Whitaker House, 1994).

Calvin, John. *Institutes of the Christian Religion*, vol. 2, trans. Henry Beveridge (Grand Rapids: Eerdmans, 1981).

Harris, Murray J. *Navigating Tough Texts: A Guide to Problem Passages in the New Testament* (Bellingham: Lexham Press, 2020).

Luther, Martin. "The Freedom of a Christian, 1520," *Career of the Reformer I*, in *Luther's Works*, vol. 31, ed. and trans. Harold J. Grimm (Philadelphia: Fortress Press, 1971).

_____. "Preface to the Complete Edition of Luther's Latin Writings Wittenberg, 1545," *Career of the Reformer IV*, in *Luther's Work*, vol. 34, ed. Lewis W. Spitz (Philadelphia: Muhlenberg Press, 1976).

Owen, John. *A Discourse Concerning the Holy Spirit*, in *The Works of John Owen*, vol. 3, ed. William H. Goold (Edinburgh: The Banner of Truth Trust, 1994).

_____. *Indwelling Sin in Believers*, in *The Works of John Owen*, vol. 6, ed. William H. Goold (Edinburgh: The Banner of Truth Trust, 1991).

_____. *Of Communion with God*, in *The Works of John Owen*, vol. 2, ed. William H. Goold (Edinburgh: The Banner of Truth Trust, 1990).

_____. *Of Temptation*, in *The Works of John Owen*, vol. 6, ed. William H. Goold (Edinburgh: The Banner of Truth Trust, 1991).

_____. *The Grace and Duty of Being Spirituality Minded*, in *The Works of John Owen*, vol. 7, ed. William H. Goold (Edinburgh: The Banner of Truth Trust, 1988).

_____. *The Mortification of Sin*, in *The Works of John Owen*, vol. 6, ed. William H. Goold (Edinburgh: The Banner of Truth Trust, 1991).

Packer, James I. *Knowing God* (Downers Grove: Inervarsity Press, 1993).

Severus, Sulpicius. *The Letter to Eusebius*, in *The Fathers of the Church*, vol. 7, trans. Bernard M. Peebles (Washington: The Catholic University of America Press, 1970).

Wesley, John. *The Heart of Wesley's Journal* (New Canaan: Keats Publishing, 1979).

## 온라인 사이트

문화재청 국가문화유산포털, s.v. "목멱산봉수대터," 2021년 7월 1일, http://www.heritage.go.kr/heri/cul/culSelectDetail.do?VdkVgwKey=23,00140000,11&pageNo=1_1_1_1.

# 색인

## 주제별 색인

갈망  52, 54, 95, 100, 134, 135, 141, 142, 183, 199, 224
감각적 욕구  166
거룩함  25, 43, 45, 50, 54, 59, 69, 90, 91, 95, 118, 129, 136, 137, 142, 191, 220, 222, 223
거리감  168, 196
거역  158
걸작품  131, 136
견고함  80, 81, 88, 89, 98
경건  69, 93, 132, 142, 168, 191, 196, 201
경건생활  173, 175
경외  67, 69, 113
경외심  69
고난  20, 25, 42, 53, 91, 95, 131, 136, 154, 155, 159, 208, 214, 217, 224
고립감  158, 168
고백록  65
고통  20, 23, 24, 26, 32, 41, 52, 53, 76, 88, 94, 98, 104, 129, 131, 135, 138, 142, 143, 180, 187, 191, 199, 206, 207, 224

곤고함  183
교만  107, 155
교제  45, 90, 91, 140, 142, 154, 159, 175, 189
교회  19, 27, 96, 105, 106, 108, 110, 111, 113, 116, 118, 132, 164, 201
구원 목적  43, 188, 219
그리스도의 향기  38
금식기도  132, 133, 148
기쁨  26, 46, 53, 69, 72, 81, 91, 98, 104, 127, 131, 160, 173
낙심  30, 81, 97, 107, 118, 133, 136, 143, 199, 224
낮은 형제  105, 107, 108
낯섦  196
높음  105, 107, 108, 111
뇌물  106
늙음  23
단련  50, 51
만족  106, 126, 128, 166
면류관  112, 113, 134, 138, 140, 141
무지  66, 70, 79, 126

물상 30
미끼 171
미움 59, 135, 158
미혹 165, 166, 167, 170, 171, 172, 191, 203
믿음의 시련 26, 27, 28
방편 45, 49
병듦 23
복 20, 23, 72, 90, 91, 108, 126, 127, 128, 129, 134, 138, 140, 185, 203
본질 19, 64, 82, 152, 153
부당하게 받는 고난 154, 155
부주의함 83, 170
부패 43, 46, 50, 93, 154
부패한 죄성 93
부한 자 105, 107, 112, 116
불변하는 선 207, 208
불순종 24, 27
불완전 21, 23, 25, 151
불행 126, 183, 201, 202, 218
빛들의 아버지 200, 203, 206
사랑의 질서 50, 104
사망 34, 52, 66, 140, 167, 168, 176, 184, 188, 189, 191, 202, 223
생각의 혼란 59, 61, 166, 197, 200, 214
생명 46, 72, 81, 82, 83, 88, 91, 176, 189, 191
생명의 면류관 134, 138, 140, 141
선하심 70, 76, 98, 143, 144, 160, 196, 203, 204, 206, 207, 208, 212, 217
섬김 32, 39, 60
섭리적인 복 127, 128
성령의 열매 39
성령의 영감 151
성품 25, 41, 43, 44, 45, 46, 64, 76, 80, 95, 203, 224
성화 45, 94
세속주의 19, 106
소망 21, 26, 30, 34, 98, 104, 107, 133, 184, 185, 215, 217
소원함 196
시금석 28
시험의 목적 20, 64
시험의 본질 64, 153
신실하심 70, 98, 196, 204
약속 21, 52, 53, 54, 79, 97, 98, 134, 141, 144, 176
양선 39
연단 26, 38, 52, 137
염려 118, 206
영원한 형벌 188, 189
영적 생명 46, 81, 140, 189, 191
영적 선 46
영적 전투 58, 133
영적인 복 90, 127, 128
영혼의 죽음 140, 188, 189
영화(榮華) 116
욕망 24, 104, 126, 132, 149, 154, 155, 166, 172, 173, 185, 186, 187, 197, 199, 202
욕심 41, 48, 70, 117, 165, 166, 167, 168, 170, 171, 172, 184, 185, 186, 188, 191, 196, 200, 218
원망 32, 41, 59, 70, 72, 155, 156, 158, 165, 196
위로(慰勞) 52, 53, 94, 95, 159
유월절 219
유혹 20, 24, 59, 115, 153, 154, 165, 167, 171, 173, 181, 203
은혜의 샘 49

의심  26, 42, 77, 79, 80, 97, 105, 155, 196, 203, 204, 207, 214, 218
의지(意志)  60, 89, 96, 137, 166, 167, 185, 186
의지(依支)  32, 42, 66, 77, 79, 80, 93, 94, 96, 98, 111, 144, 155, 159, 173, 206, 207, 208, 224
이성  69, 79, 80
인간관계  24
인격  38, 39, 43, 44, 48, 51, 77, 89, 108, 131
인내  26, 27, 28, 29, 32, 33, 34, 39, 40, 41, 42, 43, 44, 52, 53, 54, 97, 128, 134, 141, 143, 224
인도하심  79, 83, 203, 218
인생길  20, 79, 180, 208, 218
입증  28, 29, 32, 52, 54, 84, 93, 113, 134, 218, 224
잉태  184, 185, 186, 188
자기 연민  158, 199
자기 죽음  46
자유의지  166
작품  131, 136
재물  106, 107, 108, 111, 113, 115, 116, 117
재앙  24, 136, 219
절망  25, 53, 156, 199, 206
정서  59, 64, 69, 168, 170, 172, 187
정욕  50, 66, 165, 166, 202
정(定)함  88, 96, 98, 107, 117
죽음  23, 46, 140, 188, 189, 191, 217, 219
죄의 계획  59, 181
증명  20, 84, 88, 134
지성  59, 60, 61, 89, 166, 186

지식  61, 81, 88, 197
지혜  59, 61, 62, 64, 67, 69, 70, 71, 72, 77, 79, 81, 105, 159, 172, 192
진리  29, 61, 62, 67, 69, 70, 81, 117, 129, 142, 152, 156, 166, 192, 213, 217, 218, 220, 223
진실성  52, 93
진리의 빛  61, 67, 192
집중  67, 132, 133, 135, 142, 168, 173, 183, 186 197, 199
참음  39, 42
창조 목적  43, 48, 188, 219
창조적 시험  20
첫 새끼  219
첫 열매  213, 219, 220
첫 회심  49
청결  90, 91, 93, 94, 95, 100, 113
체념  41
초태생  219, 220
최고선  49
충성  27, 39, 141
친밀  90, 168, 196, 215
쾌락  166
파괴적 시험  20
페이라스모스  20, 28
평안  23, 33, 67, 98, 202
핍박  42, 160
하나님의 계획  23, 29, 137, 138
하나님의 성품  64, 76, 80, 203, 207
하나님의 임재  95, 168, 172
하나님의 형상  25, 44, 45, 108, 219
한마음  89, 91
행복  24, 25, 45, 46, 50, 81, 100, 126, 129, 166, 183, 188, 189, 191, 212, 218

행위 19, 43, 49, 51, 113, 115, 133, 219
헌제자 106
현상 19, 152
형상 25, 44, 45, 108, 131, 219
현실 21, 23, 67, 81, 96, 98, 111, 117, 144, 212, 215, 218, 224
형제 19, 20, 25, 26, 53, 105, 106, 107, 108, 131, 199, 220

화목제물 212
확정 23, 90, 93, 96, 97, 100, 107
환경적 깊음 26
환경적 어려움 25
회개 46, 50, 53, 82, 135, 173, 199, 224
희망 18, 30, 41, 89, 156, 158

## 성구 색인

창 1:3  218
창 1:24  218
창 1:26  44
창 1:28  126
창 2:17  167
창 2:22  24
창 2:23  24
창 3:1  172
창 3:3  172
창 3:5  115, 167
창 3:6  172
창 3:12  24, 156, 167
창 3:17-18  23
창 3:19  23
창 4:7  164
창 12:2  127
창 22:1  20, 151
창 39:9  172
창 39:10  172
창 49:3  220
창 50:20  29, 77
출 11:5-6  219

출 12:23  219
출 13:1-2  220
출 13:12-13  219
출 15:23  33
출 33:19  203
민 8:16  219
민 14:1  158
민 14:27  156
민 14:35  158
민 21:8-9  30
민 23:19  215
신 8:2  152
수 24:15  202
수 24:19  106
삿 3:4  152
삼상 1:15  135
삼상 16:7  100
삼하 11장  187
삼하 11:2  187
삼하 11:3-4  187
삼하 11:27  187
삼하 12:8  187

욥 2:9　158
욥 3:3　155
욥 23:10　51
욥 30:13　168
시 1:1　127
시 9:10　79, 158
시 10:1　168
시 12:6　51
시 13:1　100
시 13:6　71
시 18:6　71
시 19:13　181
시 23:3　79
시 23:4　25, 33, 52
시 25:4　61
시 31:19　34, 53
시 31:24　53
시 34:17　159
시 37:2　116
시 40:2　93
시 40:12　170
시 42:1　71
시 42:5　30, 133
시 46:1　142
시 51:4　71
시 51:6　61
시 57:7　23, 97
시 62:5　30
시 66:10　50
시 69:4　154
시 71:2　206
시 73:1　90
시 73:16-17　61
시 73:17　61
시 77:6-10　204

시 77:7-9　142
시 95:10　64
시 106:15　128
시 107:1　77
시 107:9　128, 159
시 119:50　95, 159, 223
시 119:123　29
시 123:2　54
시 130:1　25, 26
시 138:3　84, 129
시 144:2　142
잠 4:23　89
잠 8:17　69, 77
잠 9:10　67
잠 28:26　28
사 1:25　51
사 6:3　91
사 40:6-8　116
사 41:9　215
사 42:3　30
사 43:4　112
사 49:15-16　215
사 61:3　72
렘 13:18　138
애 3:22-23　143
애 3:25　208
단 1:8　154
단 3:18　138
단 11:5　51
호 9:1　215
호 10:2　90
호 14:1　72
마 3:17　214
마 4:1　20, 214
마 4:3　214

마 5:1-12  127
마 5:3  184
마 5:8  90, 91
마 5:16  116
마 6:13  153
마 6:24  90
마 6:26  207
마 7:11  33, 118
마 9:36  24
마 10:1  90
마 11:30  94
마 14:29-31  97
마 22:37  95
막 4:19  166
막 9:28-29  132
눅 6:20  108
눅 7:44  113
눅 8:15  97
눅 12:15  118
눅 15:11-32  215
눅 18:1-8  77
눅 18:8  129
눅 18:13  135
요 1:12  215
요 1:12-13  218
요 4:22  197
요 6:35  140
요 6:70  90
요 12:40  158
요 13:14  113, 115
요 14:6  140
요 14:21  117
요 15:7  81
요 16:32  214
요 17:17  117

행 4:32  106
행 15:25  222
행 16:7  203
롬 1:4  222
롬 1:24  166
롬 3:3-4  212
롬 3:25  212, 223
롬 4:20  116
롬 5:3-4  26, 27
롬 5:14  167
롬 6:5  215
롬 6:14  176
롬 7:23  187, 188
롬 7:25  187
롬 8:1  189
롬 8:2  189
롬 8:6  202
롬 8:7  158
롬 8:15  215
롬 8:22  23
롬 8:28  25
롬 8:29  25, 131, 220
롬 8:32  71, 111, 202
롬 8:35  160
롬 11:29  215
롬 12:1  224
롬 12:17  39
롬 13:12  189
롬 13:13-14  66
고전 1:1  42
고전 2:16  218
고전 3:19  69
고전 6:19-20  222
고전 7:14  129
고전 9:27  83

고전 10:13  33, 170
고전 11:1  45
고전 13:2  143
고전 13:3  143
고전 13:4  27
고전 13:6  142, 143
고전 13:7  143
고전 13:14  142
고전 15:3  217
고전 15:21-22  168
고전 15:22  167
고전 15:31  25, 46, 83
고전 15:53-54  140
고후 1:4  159
고후 2:14  160
고후 2:15  39
고후 5:17  176
고후 7:6  159
고후 8:2  104
고후 12:12  42
갈 2:20  220
갈 5:6  27
갈 5:22-23  39
엡 1:3  72
엡 1:3-4  138
엡 2:2  24
엡 2:3  191
엡 2:10  49
엡 4:13  45
엡 5:11  191
엡 6:10  53
엡 6:12  156
엡 6:12-13  58
엡 6:18  129
빌 2:5-8  45

빌 2:5-11  42
빌 2:6  42
빌 2:6-8  115
빌 2:13  43
빌 3:8  116
빌 4:6  118
빌 4:13  33
살전 5:23  48
딤전 1:15  111
딤전 4:5  93, 129
딤전 6:12  141
딤전 6:17  70, 72, 107
딤후 2:3  58
딤후 3:16  151
딤후 3:16-17  43
딤후 3:17  44, 48
딤후 4:8  138
딤후 4:10  27
딛 2:12  166
히 4:12  223
히 4:16  91
히 6:1  191
히 6:18-19  98
히 9:27  140
히 10:36  54
히 11:1  79
히 11:6  207
히 12:1  142
히 12:2  42
히 12:23  220
히 13:5  215
약 1:1  19
약 1:2  20, 21, 26, 53
약 1:3  26, 27, 28
약 1:4  40, 43, 44, 48

약 1:5　61, 67, 70, 71, 77
약 1:6　77, 105
약 1:6-7　80
약 1:7　80
약 1:8　88, 96
약 1:9　107
약 1:9-10　105
약 1:10　112
약 1:10-11　116
약 1:12　128, 134, 140, 141
약 1:13　149, 196
약 1:14　165, 171
약 1:15　184, 188
약 1:16　199
약 1:17　200, 203, 204
약 1:18　217, 219, 223
약 1:19　213, 217, 219, 223
약 2:1　108
약 2:3-4　106
약 2:8　24
약 2:14　19
약 2:21-22　83

약 3:17　62
약 4:3　202
약 4:8　90, 101
약 5:11　71
벧전 1:23　223
벧전 2:9　112, 220, 222
벧전 2:19　154
벧전 3:9　39
벧전 5:8　24
벧후 1:7　28
요일 2:15　94, 185
요일 3:1　108
요일 3:20　152
요일 3:22　81
요일 4:10　212
유 1:1　218
계 2:2　143
계 2:10　141
계 3:1　189
계 14:14　138
계 20:14　140, 189
계 22:14　127

## 사명선언문

너희가 흠이 없고 순전하여……세상에서 그들 가운데 빛들로
나타내며 생명의 말씀을 밝혀 _ 빌 2:15-16

**1. 생명을 담겠습니다**
만드는 책에 주님 주신 생명을 담겠습니다.
그 책으로 복음을 선포하겠습니다.

**2. 말씀을 밝히겠습니다**
생명의 근본은 말씀입니다.
말씀을 밝혀 성도와 교회의 성장을 돕겠습니다.

**3. 빛이 되겠습니다**
시대와 영혼의 어두움을 밝혀 주님 앞으로 이끄는
빛이 되는 책을 만들겠습니다.

**4. 순전히 행하겠습니다**
책을 만들고 전하는 일과 경영하는 일에 부끄러움이 없는
정직함으로 행하겠습니다.

**5. 끝까지 전파하겠습니다**
모든 사람에게, 땅 끝까지, 주님 오시는 그날까지
복음을 전하는 사명을 다하겠습니다.

## 서점 안내

| | |
|---|---|
| **광화문점** | 서울시 종로구 새문안로 69 구세군회관 1층<br>02)737-2288 / 02)737-4623(F) |
| **강남점** | 서울시 서초구 신반포로 177 반포쇼핑타운 3동 2층<br>02)595-1211 / 02)595-3549(F) |
| **구로점** | 서울시 동작구 시흥대로 602, 3층 302호<br>02)858-8744 / 02)838-0653(F) |
| **노원점** | 서울시 노원구 동일로 1366 삼봉빌딩 지하 1층<br>02)938-7979 / 02)3391-6169(F) |
| **분당점** | 경기도 성남시 분당구 황새울로 315 대현빌딩 3층<br>031)707-5566 / 031)707-4999(F) |
| **일산점** | 경기도 고양시 일산서구 중앙로 1391 레이크타운 지하 1층<br>031)916-8787 / 031)916-8788(F) |
| **의정부점** | 경기도 의정부시 청사로47번길 12 성산타워 3층<br>031)845-0600 / 031)852-6930(F) |
| **인터넷서점** | www.lifebook.co.kr |